アクティブ・ラーニングを位置づけた中学校 特別の教科 道徳 の授業プラン

柴原 弘志 編著

明治図書

はじめに
Introduction

　このたび改訂された学習指導要領には，教育内容を定めるという役割だけではなく，「生涯にわたる学習とのつながりを見通しながら，子供たちの多様で質の高い学びを引き出すことができるよう，子供たちが身に付ける資質・能力や学ぶ内容など，学校教育における学習の全体像を分かりやすく見渡せる『学びの地図』としての役割」が期待されています。

　道徳教育で求められている道徳性は，まさに私たち人間が，学校を離れた後も生涯を通じて学び，育み続ける必要のある学習課題と言えましょう。すべての子供たちが，これからの時代において，道徳性という，それぞれの人生をより豊かに生きていく上で欠かすことのできない人格的特性を，自ら育んでいけるようにしていくことは，その子供たちに関わる私たちの使命・責務であると思うのです。

　では，子供たちが，将来出会うであろう様々な場面において，人間としてよりよく生きていけるようになるためには，どのような学びが道徳教育・「特別の教科　道徳」（以下　道徳科）の中では求められるのでしょうか。今回の学習指導要領改訂における「主体的・対話的で深い学び」をいかに実現するかという「アクティブ・ラーニング」の視点は，まさにそうした問いに対する答えへの重要な示唆を，改めて私たちに与えてくれているものと考えるのです。

　道徳の時間が特設された昭和33年改訂「学習指導要領」には，すでに次のような規定が示されていました。

　「指導にあたっては，（できるだけ児童の自主性を尊重するとともに，）生徒の経験や関心を考慮し，なるべくその具体的な生活に即しながら，（話し合い）討議，問答，説話，読み物の利用，視聴覚教材の利用，劇化，実践活動など種々な方法を適切に（組み合わせて）用い，（教師の）一方的な教授や単なる徳目の解説に終わることのないように特に注意しなければならない」（（　）は小学校）

　このことは，今日の「どのように学ぶか」を改めて重視していこうとする考え方にも通底するものであり，「アクティブ・ラーニング」と道徳科の授業の関係を考える上でも貴重な示唆を与えてくれるものです。

　子供たちは，大いなる自然に抱かれ，多様な価値観の存する世界や社会の中で，まさに一度きりの人生を歩んでいきます。そこでは，誠実にそうした環境や価値と向き合い，そこでの在り方生き方を自分自身の道徳的問題ととらえ，生涯にわたって他者と対話し，協働しつつ，様々な事象を人生や社会の在り方と結び付けて深く理解し，人間としての自己の生き方について主体的・能動的に考え，学び続けることができるようになることが必要です。

　そうした，自らの道徳的な成長を意識し，人間としての自己の生き方について深く考え，学び続けられる，言い換えるならば，自らの道徳性を育み続けられる子供たちを育成するために

は，具体的にどのような道徳科の授業が求められるのでしょうか。子供たちが，学習内容に対して興味・関心や実感を強くもち，自分の思い（本音）を語り，皆との対話や議論を楽しみながら，意欲的に学ぼうとするような学習指導，子供たちにとって真に学びがいのある授業をどのように設計したらよいのでしょうか。そして，道徳科を子供たちが皆大好きになるような時間にするには，何を心がけ，どういう工夫をしたらよいのでしょうか。

本書は，そうしたことに思いを巡らしておられる学校や先生方を，強力かつ具体的にサポートできるものとなるよう，「アクティブ・ラーニング」を位置づけた道徳科の授業づくりについて，道徳科における評価の方法・事例を含め，多くの実践事例とともに編集されています。

実践事例には，文部科学省に設置された「道徳教育に係る評価等の在り方に関する専門家会議」がまとめた「『特別の教科　道徳』の指導方法・評価等について（報告）」の中で，「道徳科における質の高い多様な指導方法」の事例として示された「登場人物への自我関与が中心の学習」「問題解決的な学習」「道徳的な行為に関する体験的な学習」と「主体的・対話的で深い学び」の実現に効果的であろうと考えられる具体的な「指導方法」そして「学習活動・授業の工夫」を盛り込んだ道徳科の授業プランを多数紹介しています。こうした内容をぜひご活用いただき，子供たちの心にしっかり届き，響く道徳科の授業，豊かな道徳性の確かな育みに資する道徳科の授業構想に役立てていただければ幸いです。

「道徳（どうとく）」に関する学習は，その特質上，「どう説く」すなわち教えられて分かる学習もさることながら，「どう解く」すなわち自ら求めて（探求），解かる（納得解）学習が極めて重要となります。そこではまた，「自分が自分に自分を問う」という「自己内対話」が常に求められており，「主体的・対話的で深い学び」という「アクティブ・ラーニング」の視点は，道徳授業における学習活動の基本的な姿の一面としてとらえられるものでもあります。

子供たちに「主体的・対話的で深い学び」を定着させる上で，教師自らがそうした学びの姿を示すことは極めて有意義なことです。私を含め教師もまた子供とともに「主体的・対話的で深い学び」の主体者でありたいものです。「解説」に示された「『第3章　特別の教科　道徳』の『第2　内容』は，教師と生徒が人間としてのよりよい生き方を求め，共に考え，共に語り合い，その実行に努めるための共通の課題である」という説明の意味するところを改めて心に刻んでおきたいと思います。

最後になりましたが，本書執筆にご尽力いただきました先生方に対し，心より御礼申し上げます。また，明治図書教育書編集部の佐藤智恵様，茅野現様，赤木恭平様には，本書の構想当初より労をとっていただきました。重ねて心より感謝申し上げます。本書が，多くの皆様方にご活用いただき，我が国の道徳教育の実質化とさらなる充実に少しでも寄与するものとなることを心より願っています。

2017年2月

柴原　弘志

もくじ
Contents

はじめに

第1章 アクティブ・ラーニングを位置づけた中学校 特別の教科 道徳の授業づくり

1 アクティブ・ラーニングとは何か······8

2 中学校 特別の教科 道徳におけるアクティブ・ラーニングの位置づけ······10

3 本書におけるアクティブ・ラーニングのとらえ······12

第2章 アクティブ・ラーニングを位置づけた中学校 特別の教科 道徳の授業プラン

自ら考え,判断し,実行し,責任をもつことを考えよう······14
(自主,自律,自由と責任【A-(1)】／スイッチ)

大人になるってどういうことか考えよう······18
(自主,自律,自由と責任【A-(1)】／町内会デビュー)

失敗にくじけず,次の目標に向かおう······22
(希望と勇気,克己と強い意志【A-(4)】／はい上がる姿に感動)

高い志を抱き,真理を探究した生き方を考えよう······26
(真理の探究,創造【A-(5)】／人生を変えた一杯のみそ汁)

幸せに気付かないのは MOTTAINAI♪感謝して生きよう······30
(思いやり,感謝【B-(6)】／MOTTAINAI)

思いやりの心とはどのようなものか考えよう······34
(思いやり,感謝【B-(6)】／賢者の贈り物)

真の思いやりについて考え，温かい人間愛の精神を深めよう ……………… 38
（思いやり，感謝【B-⑹】／賢者の贈り物）

問題解決的な学習の視点に立って，思いやりの心を深めよう ……………… 42
（思いやり，感謝【B-⑹】／あかり）

弱さを乗り越え，強く生きることを考えよう ……………………………… 46
（思いやり，感謝【B-⑹】／償い）

心の内面を見つめてみよう …………………………………………………… 50
（思いやり，感謝【B-⑹】／バスと赤ちゃん）

ロールプレイを通してよい友達とは何かを考えよう ……………………… 54
（友情，信頼【B-⑻】／近くにいた友）

個性や立場を尊重し，見方や考え方から謙虚に学ぼう …………………… 58
（相互理解，寛容【B-⑼】／山寺のびわの実）

法のもつ意味と個人の権利・義務について考えよう ……………………… 62
（遵法精神，公徳心【C-⑽】／法と私たちの権利・義務）

きまりを守ることの大切さについて考えよう ……………………………… 66
（遵法精神，公徳心【C-⑽】／二通の手紙）

社会におけるきまりの意味を考えよう ……………………………………… 70
（遵法精神，公徳心【C-⑽】／二通の手紙）

公共の精神を育み，よりよい社会の実現に努めよう ……………………… 74
（社会参画，公共の精神【C-⑿】／空虚な問答）

無私の愛で育ててくれる父母への敬愛の心情を養おう …………………… 78
（家族愛，家庭生活の充実【C-⑭】／天使の舞い降りた朝）

名前に込められた親の愛情に応えていこう ………………………………… 82
（家族愛，家庭生活の充実【C-⑭】／しげちゃん）

"厳しさ"と"優しさ"に通底する家族の輝きを見つめよう ……………… 86
（家族愛，家庭生活の充実【C-⑭】／叱ってよい時わるい時・二人の少年の話）

人のために生きることのすばらしさ・難しさを考えよう ………………… 90
（よりよい学校生活，集団生活の充実【C-⑮】／カーテンの向こう）

郷土のために自分ができることを考えよう ……………………………………………… 94
(郷土の伝統と文化の尊重,郷土を愛する態度【C-(16)】／昭和九年の大水害)

生まれ育った自分の地域を,見つめ直してみよう ……………………………………… 98
(郷土の伝統と文化の尊重,郷土を愛する態度【C-(16)】／白い石の思い出★)

自然の大切さを感じよう ……………………………………………………………………… 102
(自然愛護【D-(20)】／縄文杉に会いたくて)

自分の弱さを克服し,よりよく生きる原動力を考えよう ……………………………… 106
(よりよく生きる喜び【D-(22)】／銀の燭台)

弱さ・醜さと向き合い,強さ・気高さを求める生き方を考えよう …………………… 110
(よりよく生きる喜び【D-(22)】／カーテンの向こう)

人間として気高く生きることを考えよう ………………………………………………… 114
(よりよく生きる喜び【D-(22)】／風に立つライオン)

よりよい生き方を見つめてみよう ………………………………………………………… 118
(よりよく生きる喜び【D-(22)】／高砂丸とポトマック川のこと)

第3章 アクティブ・ラーニングを位置づけた中学校 特別の教科 道徳の授業の評価

1　「特別の教科　道徳」の評価～「『特別の教科　道徳』の指導方法・評価等について(報告)」を踏まえて～ ……… 124

2　評価の様々な方法 …………………………………………………………………………… 126

3　評価の工夫と留意点 ………………………………………………………………………… 128

4　生徒による自己評価の意義 ………………………………………………………………… 130

5　生徒による自己評価の活用事例 …………………………………………………………… 132

第2章　★の自作教材は,明治図書オンラインからダウンロードすることができます。ご活用ください。
URL　http://www.meijitosho.co.jp/detail/4-18-252726-5#supportinfo
ユーザー名　252726　　　　パスワード　eb5tbj

第1章

アクティブ・ラーニングを位置づけた中学校 特別の教科 道徳の授業づくり

1 アクティブ・ラーニングとは何か

❶今回の「アクティブ・ラーニング」デビューの背景と基本的定義

　今回,「アクティブ・ラーニング」という言葉が広く注目を集めるようになった背景の発端は,国際的に見た我が国における大学教育の姿への危機感とも言えましょう。それはまた,ここ数年来の義務教育段階での学習指導の在り方における着実な改善傾向とのギャップが,大学における旧態依然とした教育形態をより際立たせることにもなったのではないでしょうか。

　「新たな未来を築くための大学教育の質的転換に向けて(答申)」(平成24年8月28日)の「用語集」において,アクティブ・ラーニングは「教員による一方向的な講義形式の教育とは異なり,学修者の能動的な学修への参加を取り入れた教授・学習法の総称(「学習」ではなく「学修」という表記を一部使用)」であり,「学修者が能動的に学修することによって,認知的,倫理的,社会的能力,教養,知識,経験を含めた汎用的能力の育成を図る」ものと説明しています。また,初等中等教育でのアクティブ・ラーニングについては,「初等中等教育における教育課程の基準等の在り方について(諮問)」(平成26年11月20日)の中で,これからの社会や教育において必要とされる力を子供たちに育むためには,「『何を教えるか』という知識の質や量の改善はもちろんのこと,『どのように学ぶか』という,学びの質や深まりを重視することが必要であり,課題の発見と解決に向けて主体的・協働的に学ぶ学習(いわゆる『アクティブ・ラーニング』)や,そのための指導の方法等を充実させていく必要があり」「こうした学習・指導方法は,知識・技能を定着させる上でも,また,子供たちの学習意欲を高める上でも効果的である」と説明しています。

❷「どのように学ぶか」の鍵となる「アクティブ・ラーニングの視点」

　今回の学習指導要領改訂の趣旨・内容を着実に実現するために,まず大切なことは,これからの世界を生きていく子供たちに育成すべき資質・能力についてしっかりとした認識をもって教育実践に取り組むということです。すなわち,「中央教育審議会(答申)」(平成28年12月21日)の中で資質・能力の三つの柱として示された「何を理解しているか,何ができるか」という生きて働く「知識・技能」の習得,「理解していること・できることをどう使うか」という未知の状況にも対応できる「思考力・判断力・表現力等」の育成,そして「どのように社会・

世界と関わり，よりよい人生を送るか」という学びを人生や社会に生かそうとする「学びに向かう力・人間性等」の涵養ということについての認識が重要になってくるということです。さらにそこでは，これらこれからの子供たちに育成することが求められている資質・能力について，各教科・領域の特質を踏まえて育成すべき資質・能力とはどういったものなのか，その具体を共通理解していく作業も必要となってきます。考えるに，各学校においてこれらの資質・能力をしっかりと育成していくためには，子供たちが「何を学ぶか」という学習内容に加えて，「どのように学ぶか」という学習指導の質の向上を欠くことはできないでしょう。そして，この「どのように学ぶか」の鍵となるのが，今回，前述の「中央教育審議会（答申）」（平成28年12月21日）に示された「アクティブ・ラーニングの視点」すなわち「主体的・対話的で深い学び」をいかに実現するかという学習指導の改善のための視点なのです。

❸「主体的・対話的で深い学び」の実現

「課題の発見と解決に向けた主体的・協働的な学び」というデビュー当初のアクティブ・ラーニングの基本的定義から，よりその具体像に迫るために，その在り方の視点として示された内容について整理し確認しておくことにしましょう。

「主体的な学び」
　学ぶ対象をはじめ学ぶことそのものに興味・関心をもち，学ぶことの意義を認識して子供自身が積極的に取り組むとともに，自分のキャリア形成や人生設計と関連付けながら見通しをもって粘り強く取り組み，その学習活動を自ら振り返り意味付けたり，獲得された知識・技能や育成された資質・能力を自覚したりしながら次につなげる学び

「対話的な学び」
　子供同士の対話・協働，教員や家族・地域の人との対話，先哲の考え方や自分とは異なる感じ方・考え方や価値観等，自分のもっていない情報を手掛かりに，物事を多面的に考えることなどを通して自らの考えを広げ深める学び

「深い学び」
　習得した知識・技能や考え方を活用した「見方・考え方」を働かせながら，問いや課題を見出して解決したり，新たな自己の考えを形成し表現したり，思いを基に構想，創造したりすることに向かう学び

　今回の学習指導要領改訂では，以上のようなアクティブ・ラーニングの視点を踏まえ，学習指導過程を質的に高め，子供たちの資質・能力の向上を図ろうとしているのです。

2 中学校　特別の教科　道徳における アクティブ・ラーニングの位置づけ

❶アクティブ・ラーニングを位置づける上での基本的な考え方

　今回の学習指導要領改訂における「アクティブ・ラーニング」という方向性は，これからの子供たちに求められている資質・能力をより確かに育成するために，教育活動をより効果的なものに改善しようとするものであります。したがって，各教科・領域における教育活動や教育課程全体で育成しようとしている資質・能力は何かということを常に視野に入れて考える必要があります。「特別の教科　道徳」（以下　道徳科）において育成しようとしている資質・能力は，よりよく生きるための基盤となる道徳性です。したがって，道徳科におけるアクティブ・ラーニングは，道徳性の育成という道徳科の目標の実現あるいは，そのために日々取り組まれている道徳科のそれぞれの時間のねらいの達成に資するものとして位置づくものにならなくてはなりません。また，アクティブ・ラーニングは，特定の学習方法や学習の型を意味しているものではないのですから，その学習方法自体が目的化されたり，特定の具体的方法論に固執してしまったりすることにより，逆に効果的な学習活動が損なわれるということがあってはならないということにも留意することが必要です。道徳科の目標や道徳科の時間のねらいの実現に効果的なものとなるかどうかという「ものさし」抜きに，「アクティブ・ラーニング」を云々しようとすることは避けたいものです。

❷アクティブ・ラーニングの視点は道徳授業の基本的な姿の一面

　中学校学習指導要領において，道徳科の目標は「（前略）よりよく生きるための基盤となる道徳性を養うため，道徳的諸価値についての理解を基に，自己を見つめ，物事を広い視野から多面的・多角的に考え，人間としての生き方についての考えを深める学習を通して，道徳的な判断力，心情，実践意欲と態度を育てる」ことと規定されました。また，そのことを受けて，道徳科における指導の特質は，「生徒一人一人が，ねらいに含まれる道徳的価値についての理解を基に，自己を見つめ，物事を広い視野から多面的・多角的に考え，人間としての生き方についての考えを深める学習を通して，内面的資質としての道徳性を主体的に養っていく時間」であり，「生徒が道徳的価値を内面的に自覚できるよう指導方法の工夫に努めなければならない」（「中学校学習指導要領解説　特別の教科　道徳編」）と示されています。さらに，学習指

導要領の「指導計画の作成と内容の取扱い」には、「生徒が自ら道徳性を養う中で、自らを振り返って成長を実感したり、これからの課題や目標を見付けたりすることができるよう工夫すること。その際、道徳性を養うことの意義について、生徒自らが考え、理解し、主体的に学習に取り組むことができるようにすること。また、発達の段階を考慮し、人間としての弱さを認めながら、それを乗り越えてよりよく生きようとすることのよさについて、教師が生徒と共に考える姿勢を大切にすること」「生徒が多様な感じ方や考え方に接する中で、考えを深め、判断し、表現する力などを育むことができるよう、自分の考えを基に討論したり書いたりするなどの言語活動を充実すること。その際、様々な価値観について多面的・多角的な視点から振り返って考える機会を設けるとともに、生徒が多様な見方や考え方に接しながら、更に新しい見方や考え方を生み出していくことができるよう留意すること」と示されています。これは、これまでの道徳の時間の指導においても本質的には同様に求められていたことであります。このことを、今日的なキーワードも踏まえ改めて整理するならば、道徳授業（道徳的な判断力、心情、実践意欲と態度を育成するための道徳科の授業）においては、道徳的価値の介在する問題・課題や事象に関して、自問・内省によるメタ認知の内容が言語化され、自他の多様な感じ方や考え方が交流されることにより、物事の正しさや良さ・善さに関して吟味するという批判的思考を集団の中で深めたり、共感したりする学習活動を展開することが求められてきたのであり、これからも求められているのだと言えます。改めて傍線を付した部分に注目いただくまでもなく、これまでの授業風景を思い浮かべればご理解いただけると思いますが、「主体的・対話的で深い学び」というアクティブ・ラーニングの視点は、道徳授業における学習活動の基本的な姿の一面としてとらえられるものであり、今後とも大切にすべきものなのです。

❸生徒とともに教師も「主体的・対話的で深い学び」の主体者に

　生徒たちに「主体的・対話的で深い学び」を定着させる上で、教師自らがそうした学習姿勢を示すことは極めて有意義なことです。このたびの道徳の教科化による道徳教育の実質化を成功ならしめるためにも、道徳授業はもとより道徳教育全般において、教師もまた生徒とともに「主体的・対話的で深い学び」の主体者でありたいものです。「解説」に示された「『第3章　特別の教科　道徳』の『第2　内容』は、教師と生徒が人間としてのよりよい生き方を求め、共に考え、共に語り合い、その実行に努めるための共通の課題である」という説明の意味するところを改めて確認しておきたいものです。

3 本書における アクティブ・ラーニングのとらえ

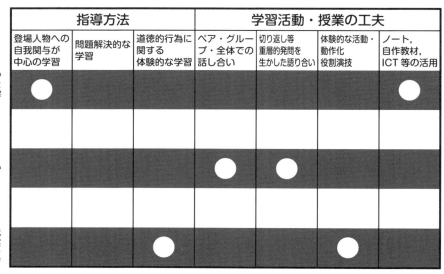

　本書では，道徳科におけるアクティブ・ラーニングの視点である「主体的・対話的で深い学び」を以下のようにとらえることとしました。

「深い学び」
　道徳的な価値についての自覚や「見方・考え方」を深めることによる，道徳的な問題発見・解決及び成長に向けた深い学び

「対話的な学び」
　多様な価値観に基づく感じ方・考え方や生き方の交流等を生かした対話的な学び

「主体的な学び」
　道徳学習の意義を理解し，自己を見つめ振り返る中で成長を実感し，人間としての自己の生き方について考える主体的な学び

　それぞれの学びを縦軸にとり，「道徳教育に係る評価等の在り方に関する専門家会議」での協議内容をまとめた「『特別の教科　道徳』の指導方法・評価等について（報告）」の中で，「道徳科における質の高い多様な指導方法」の事例として示された「登場人物への自我関与が中心の学習」「問題解決的な学習」「道徳的な行為に関する体験的な学習」と「主体的・対話的で深い学び」の実現に効果的であろうと考えられる具体的な「指導方法」そして「学習活動・授業の工夫」を横軸にとった上記のマトリックス表に基づき，アクティブ・ラーニングを位置づけた「特別の教科　道徳」の授業プランを次章に紹介します。

（柴原　弘志）

第**2**章

アクティブ・ラーニングを位置づけた中学校特別の教科 道徳の授業プラン

自主，自律，自由と責任【A-(1)】

自ら考え，判断し，実行し，責任をもつことを考えよう

● 「スイッチ」(『中学校道徳　読み物資料集』文部科学省)

	指導方法			学習活動・授業の工夫			
	登場人物への自我関与が中心の学習	問題解決的な学習	道徳的行為に関する体験的な学習	ペア・グループ・全体での話し合い	切り返し等重層的発問を生かした語り合い	体験的な活動・動作化役割演技	ノート，自作教材，ICT等の活用
道徳的な価値についての自覚や「見方・考え方」を深めることによる，道徳的な問題発見・解決及び成長に向けた深い学び	●				●		
多様な価値観に基づく感じ方・考え方や生き方の交流等を生かした対話的な学び	●			●	●		
道徳学習の意義を理解し，自己を見つめ振り返る中で成長を実感し，人間としての自己の生き方について考える主体的な学び	●		●		●	●	

1 授業のねらい

　主人公がライバル校の監督の言葉で，自主的，自律的精神の大切さに気付き，スイッチを切り替える行動を通して，自主的に考え，自律の精神を重んじ，判断し実行しようとする道徳的実践意欲を育てる。

2 授業づくりのポイント

　本教材からは，指導者不在により頼る者がいないことに不安を抱く主人公の姿（気付き）を通して，自主的に考えて自律しようとすることの大切さを生徒たちにとらえさせます。
　自律とは自分自身が規範の根拠で，自己決定，自己責任のことで，ライバル校の監督の「試されているんだよ」という言葉をきっかけに，顧問の先生への依存心に気付き，それを乗り越え，自主的に考えて自律しようと気持ちを切り替えていくところを中心に考えさせます。

3 学習指導案

(1) 主題名　自主，自律，自由と責任【A-(1)】
(2) 教材名　「スイッチ」(『中学校道徳　読み物資料集』文部科学省)
(3) 展　開

	学習活動	発問と予想される生徒の反応	指導上の留意点
導入	○「人間の魅力」について	・クラブで大変なことは何。 ＊顧問の先生が不在の時の練習メニュー。	・簡単に(軽く扱う)。
展開	○資料の黙読 ○登場人物確認 ○内容理解 　監督が不在で県大会に臨む絵里の思いを考える。 ○内容理解 　後輩の不満の声にどうしていいかわからなくなった絵里の思いを考える。 ○絵里が「スイッチ切り替えよう！」と言った理由を考える。 ○「スイッチ」の意味を考える。 ○今日の魅力を考える。	・『中学校道徳　読み物資料集』p.8～11を読む。 ・県大会で試合をする前，絵里はどんなことを考えていただろう。 ＊坂先生がいないから試合をするのが不安。 ＊自分たちだけで試合に勝てるのだろうか。 ・絵里はどうして坂先生のお見舞いに行ったのだろうか。 ＊キャプテンとして練習をどうすればよいかわからなくなったから。 ＊自分のやり方(坂ノート中心)に自信がなく不安になったから。 ＊坂先生のアドバイスがほしいから。 ＊坂先生に会えば元気が出る。 中心発問　絵里は何を考えて「スイッチ切り替えよう！」と言ったのだろう。 ＊坂先生に頼ってばかりではダメだ，自分たちで考えて何とかしよう。 ＊先生に言われた通りするだけではなく，自分たちでもっと進んでやろうとしなければ。 ＊坂ノートのやり方をしっかり考え，責任をもってやろう。 ＊プレーをするのは自分たち，ノートじゃないんだ。 発問　絵里にとって「スイッチ」って何だろう。 ＊自分から積極的にやろうとする(やる気になる)気持ち。 ＊自分の弱い心(頼る心)を強い心(自主的な心・自律的な心)に切り替えるもの。	・教師の範読。 ・他校は頼れる監督がいるのに，自分たちにはいない絵里の気持ちを考えさせる。 ・つい坂先生に頼ろうとする絵里の気持ちを考えさせる。 ・登場人部の確認と内容理解はできるだけ説明だけにして，中心発問以降に時間をかける。 ・中心発問は発表する生徒に「絵里，どう考えてスイッチ切り替えようと言ったの」と体験的に問う。 ・この中心発問を考えることが，問題解決的な学びとなる。 ・絵里が田原先生の「試されているんだよ」から何に気付いたのかを考えさせる。 ・「自分たちで考えて強くなれるの」「坂ノートで全国へ行ってきたのじゃない？」等の問い返しを入れる。 ・中心で深まれば問い返しは省略してもよい。 ・すべて受け止める。
終末	○振り返りシートまたは道徳ノートに記入する。	・感じたこと，学んだことを今日の「人間の魅力」と一緒に考えながら振り返りシートに自己評価アンケートと一緒に記入する。	・生徒の振り返りは道徳通信とし，評価資料として活用し所見に記載。

Aの視点
Bの視点
Cの視点
Dの視点

主として自分自身に関すること

4 教材の概要

　主人公はキャプテンになりますが，指導者の先生が病気で入院し，過去の練習内容（坂ノート）に基づいて練習することになります。しかし，基本中心の内容に下級生から不満が出ます。そこで友人と先生の入院先に行きますが，ライバル校の監督に「君たちは試されているんだよ」と言われます。

5 授業展開例

　生徒同士がお互い話をしやすいように席はコの字型に配置し，全員発表を目指します。
　導入で，道徳の時間はよりよく生きるために「人間の魅力」（心のかっこよさ）を考える時間だと話します。まず，クラブ活動で困ったことについて問います。
　生徒からは，顧問不在時の練習に身が入らない等の答えが出ました。

　導入を簡単に済ませ，教材の範読をしました。
　範読後，登場人物の整理，内容理解を生徒に確認しながら（指名等はしないで自由に発言させながら）説明しました。
　また，その内容を理解しやすい（見て教材の内容・流れがわかる）ように板書しました。

中心発問　絵里は何を考えて「スイッチ切り替えよう！」と言ったのだろう。

教　師　絵里，どう考えて「スイッチ切り替えよう！」と言ったの（体験的に）？
生徒A　坂先生に頼ってばかりやった。自分たちでやっていく。
生徒B　「試されている」という言葉は，新キャプテンとしてみんなをまとめていけるかを試されていると思う。1年生の不満を聞いてあげて自分たちだけで考えて行動して自立してほしいと坂先生は思っている。
生徒C　1年からの不満が出て内心とまどっていたし，試されているという言葉が何なのかと考えていたと思う。自分たちでどこまでできるのかが問われていると思う。
教　師　（生徒全員に）自分たちで考えたら強くなれるの？　「坂ノート」で全国に行ってきたのじゃないの？　絵里，どう考えて「スイッチ切り替えよう！」と言ったの？
生徒D　自分たちの気持ちを切り替えようって意味で，坂先生がいない間，自分たちはどう行動するか試されている。
教　師　（生徒全員に）絵里にとって「スイッチ」って何かな？「絵里，スイッチって何？」
生徒E　今まで先生がいないと不安だというネガティブな考えだったけど，スイッチを切り替えてポジティブにいこうと思うこと。

生徒F　スイッチは，坂先生がいなくても１年生から言われた不満を追い払うように自分らでがんばっていこう，私たちが引っ張っていこう。みんなでがんばろうということ。
教　師　（生徒全員に）今日の「人間の魅力」は何だろう？
生徒G　人に頼るばかりではなく，自分の力でがんばろうという気持ち。人に頼るばかりでは何も変わらないし，自分のためにならない。
生徒H　考えるだけじゃ始まらない。行動してダメだったらまた試す。そんなふうにまず行動で試すことをしたらいいと思う。どうしようとばかりになるんじゃなくて，前向きにがんばればと思う。やっぱり後ろ向きより前を向いている方がいい。

> ○今日の授業について（考えたこと・感じたこと）　✓
>
> いつも先生の指示を待っているだけじゃなくて、自分で考えて行動しないといけないんだなあと思いました。
> 私は、合唱部ですが、いつものクラブのときは先生の指示を待っています。そのときも、話してばかりだとうるさくて指示がきこえないときがあるので、そこのスイッチは「口のきりかえ」だと思いました。
> 先生に集められて怒られたりするときも、いつも部長があてられて答えていました。
> たまに１年生をあてられたりもするので、そのときはしっかりと自分の意見を言いたいなあと思います。

「自分で考えて行動しないといけないんだなあ」「しっかりと自分の意見を言いたい」等，自主自律についての道徳的実践意欲の高まりが感じられる。

生徒たちの振り返りシートより（評価例）

6　評価について

　振り返りシートに生徒自身の授業評価アンケート（①よく考えましたか，②しっかり発言できましたか，③新しい発見はありましたか，④資料はよかったですか）を入れて４段階で自己評価させます。

　また，振り返りシートの記述を基に，⑤主人公に共感する記述がある場合，⑥生徒自身が道徳的価値について実践意欲がある場合，⑦友達の考えに賛同する記述がある場合，⑧道徳の時間がおもしろい，楽しいと感じる記述がある場合，生徒の記述内容を取り上げた上で，⑤「道徳の授業で道徳的心情の高まりが感じられました。」⑥「道徳の授業で道徳的実践意欲の高まりが感じられました。」「道徳の授業で道徳的判断力の高まりを感じることができました。」⑦「他の人の意見をしっかり聞き，道徳的価値についてよく考えていました。」⑧「道徳の時間において，様々な道徳的価値について知ることができていました。」「道徳の時間に対する，興味・関心がありました。」等の評価ができます（上記の振り返りシートに評価例を記載）。

（松原　　弘）

自主，自律，自由と責任【A-(1)】

大人になるってどういうことか考えよう

● 「町内会デビュー」（『中学校道徳　読み物資料集』文部科学省）

	指導方法			学習活動・授業の工夫			
	登場人物への自我関与が中心の学習	問題解決的な学習	道徳的行為に関する体験的な学習	ペア・グループ・全体での話し合い	切り返し等重層的発問を生かした語り合い	体験的な活動・動作化役割演技	ノート，自作教材，ICT等の活用
道徳的な価値についての自覚や「見方・考え方」を深めることによる，道徳的な問題発見・解決及び成長に向けた深い学び	○						
多様な価値観に基づく感じ方・考え方や生き方の交流等を生かした対話的な学び	○			○	○		
道徳学習の意義を理解し，自己を見つめ振り返る中で成長を実感し，人間としての自己の生き方について考える主体的な学び	○				○		

1 授業のねらい

町内会の作業で自らの考えで自発的に行動する意味を見出した明の道徳的変化を通して，自主的に考え判断し，責任をもって行動しようとする道徳的実践意欲を高める。

2 授業づくりのポイント

　本教材は，自ら考え，判断し，自発的に行動した主人公が，「自らの責任によって生きる」ことへの喜びと自信を得たことが理解できる教材です。自らの成長を自覚し，1人の人間として誇りをもてるようになった主人公に共感させることで，自分の自由な意志や判断に基づいた行動には責任が求められ，その責任を果たすことが自信と誇りにつながることに気付けるような発問の工夫が望まれます。

3 学習指導案

(1) 主題名　自主，自律，自由と責任【A-(1)】
(2) 教材名　「町内会デビュー」(『中学校道徳　読み物資料集』文部科学省)
(3) 展　開

	学習活動	発問と予想される生徒の反応	指導上の留意点
導入	○今までの自分1人での活動を想起する。	**発問**　知らない大人に混じって，1人で活動したことはあるか。 ＊ある　＊ない	・教材への導入　「ある」の具体的内容を聞いてもよい。
展開	○教材を黙読する。 ○不安であると思う主人公の思いを理解する。	・主人公の気持ちが表れているところに線を引く。 **発問**　母の言葉でしぶしぶ腰を上げた時，明はどんな思いでいただろう。 ＊お母さんかお父さんの役割で，僕のじゃない。 ＊大人の中で，中学生の僕が作業なんて心細い。 ＊何をしていいかわからずオロオロしそうで嫌。	・教材を範読する。 ・補助発問：「どうして僕なの…」とはどういう思いから出た言葉だろう。
	○自分の判断で自発的に作業する意欲が高まっていることに気付く。	**発問**　「よし」と言って枝や束ねた草を運ぼうと思ったのは，どうしてだろう。 ＊お年寄りには，重労働であり，危ないから。 ＊大変な仕事こそ若い僕のするべきことだ。 ＊僕も，みんなのためにもっと役に立つぞ。	・補助発問：「よし」という言葉で，何を決心したのだろう。
	○自主的に行動することで得た思いについて考える。	**中心発問**　どうして明は，なんだか大人になった気がしたのだろう。 ＊自ら進んでやったことが大人にも認められた。 ＊中川家の代表として作業し，やり切れた。 ＊大人の人の手助けをして，立派に役に立てた。 ＊他の中学生がしていないことができ，自信が出た。	
	○心や生き方の変化について考えを深める。	**発問**　背筋を伸ばして大股で学校へ向かった明の心に芽生えたものは何だろう。 ＊自分の判断で貢献した誇り／自ら行動する自主性／一人前と認められた自信／一家の代表を果たした達成感／広く活動する社会性・責任感・有用感／みんなのために行動する喜び，充実感	・誇り，自信，向上心，自主性，充実感，責任感，達成感等抽象的な概念にこだわらず，生徒の素直な表現のまま理解させたい。
終末	○感想を書く。	・今日の授業の感想や学んだことを書く。	

Aの視点
Bの視点
Cの視点
Dの視点

主として自分自身に関すること

4 授業展開例

　主人公の明が，町内会の作業をしぶる気持ちを理解できるように，大人の中に1人混じって活動したことがあるかどうかを導入として尋ねました。結果はゼロか1人で，「ないのが当たり前だ」という反応が出ました。

> **発問**　母の言葉でしぶしぶ腰を上げた時，明はどんな思いでいただろう。

　この発問では，「僕のする仕事ではない」等，指導案にある予想される反応以外に「部活動を休んでまで行きたくない」「わかったけれど，納得できない」「面倒くさい」という意見が出ました。

> **発問**　「よし」と行って枝や束ねた草を運ぼうと思ったのは，どうしてだろう。

　明の気持ちが作業とともに徐々に変化しており，答えにくそうだったので，ペアで交流させてから発言の時間をとりました。指導案の予想される反応に加えて，「ほめられて，だんだんやる気がわいてきたから」「どうせやるなら気持ちよく，一生懸命やろう」「協力し合ううちに楽しくなってきた」という意見が出ました。

> **中心発問**　どうして明は，なんだか大人になった気がしたのだろう。

　中心発問では，ペアに限らず周りの人と相談してもよいと伝え，時間をとりました。生徒たちは，意欲的に交流していました（下記の授業会話は紙面の関係で教師部分を一部省略）。

生徒A　よいことをしたから。
教　師　よいことって，具体的にはどういうこと？
生徒A　年寄りがやりにくそうな，枝や草運び。助かったって言ってもらったからよいこと。
生徒B　大人の中で子供1人でがんばれたから。
生徒C　中川家代表ということで，大人みたい。
教　師　なるほど。一家の代表だものね。
生徒C　お父さんの代わりが務まったから。大人みたい。
生徒D　一家の主ってこと。責任のある役割だから。
生徒E　自分のおかげで，中川家のイメージが上がった（楽しそうな笑いが出ました）！
教　師　おもしろいね。その家族全体のイメージって発想がおもしろいなぁ。
生徒F　町内の仕事を町内のためにできた。自分のことじゃないことでやり切ったから。

生徒G	最初はイヤイヤだったけど，最後は積極的にできたから。
生徒H	積極的にできて，しかも老人たちのためになれたから。
教　師	なるほど。最初は，オロオロするかもしれないって思っていたくらいだものね。
生徒I	自分以外子供はいなかったのに，大人の輪にちゃんと入れた。
生徒J	中学生なら「やって」と言われたことをするだけだけど，自分で考えてできたから。
教　師	そうかー。確かに，「よし」って言うところは自分で考えて言ったね。
生徒K	自分でやろうとして，しかも最後までやり切れた。達成感があったと思う。
教　師	達成感かぁ。きっと感じただろうね。「積極性」に近い感じなの？
生徒K	うーん。ちょっと違う。大人のやることだと思っていたのに最後までできたってこと。
教　師	あー，やり切った感だね。たくさん言ってくれたね（板書をおさらいして…）。
教　師	でも，中川家，つまり一家の代表として出たら，なぜ大人になった気がするの？
生徒E	成長したって感じたと思う。だって，この時は自分から率先してできたから。
生徒J	子供と違って，大人は自分で考えて行動するから，自分で判断してそれができたから。
教　師	なるほどね，大人と子供の違いってそこにあるのかもしれない…

> **発問**　背筋を伸ばして大股で学校へ向かった明の心の中に芽生えたものは何だろう。

　この発問は生徒にとって難しかったですが，時間をかけてじっくり考えて答えていました。

生　徒	積極性が出てきた。
教　師	もう少し説明して。
生　徒	嫌なことでも積極的にやろうという気持ち。
生　徒	大人への1歩を踏み出してみたいと思った。
教　師	大人への1歩？
生　徒	昨日は草刈りができたから，今日は挨拶もしてみようって。さらに大人に近付けるかもって思った。
生　徒	自分で，どんどん自分を変えていきたいという思い。
教　師	具体的にどう変えたいって？
生徒L	変わるのって勇気がいる！　失敗するかも（感想文でこの生徒は，「大人になったと思うのはやっぱり責任感があったからじゃないか」と書いてきました）。

5　評価について

　中心発問以降，追発問や補助発問によるものも含め，主題について深く考えられたかどうかを主たる観点として，生徒の発言や感想文を基に評価しました。

（村田寿美子）

希望と勇気,克己と強い意志【A-(4)】

失敗にくじけず,次の目標に向かおう

●「はい上がる姿に感動」(『朝日新聞』2008年8月31日)

	指導方法			学習活動・授業の工夫			
	登場人物への自我関与が中心の学習	問題解決的な学習	道徳的行為に関する体験的な学習	ペア・グループ・全体での話し合い	切り返し等重層的発問を生かした語り合い	体験的な活動・動作化 役割演技	ノート,自作教材,ICT等の活用
道徳的な価値についての自覚や「見方・考え方」を深めることによる,道徳的な問題発見・解決及び成長に向けた深い学び							●
多様な価値観に基づく感じ方・考え方や生き方の交流等を生かした対話的な学び				●			
道徳学習の意義を理解し,自己を見つめ振り返る中で成長を実感し,人間としての自己の生き方について考える主体的な学び	●						

1 授業のねらい

マシュー・エモンズ選手の失敗からはい上がる姿を通して,失敗にくじけず次の目標に向かう心情を育てる。

2 授業づくりのポイント

時系列に教材を追っていく授業展開が一般的でしょう。しかし,教材の提示を,北京五輪を先に,アテネ五輪を後にしました。よりドラマティックな事実との出会いを効果的に行うためです。

また,中心発問では,見える化された思考を材料に対話的な学びを入れて,深く考えさせました。

3 学習指導案

(1) 主題名　希望と勇気，克己と強い意志【A-(4)】
(2) 教材名　「はい上がる姿に感動」(『朝日新聞』2008年8月31日)
(3) 展開

	学習活動	発問と予想される生徒の反応	指導上の留意点
導入	○オリンピックで感動した選手やチームをあげ，感動した理由を考える。	・オリンピックがアテネ，北京，ロンドン，リオと続いてきたことを板書して確認する。 ＊内村航平，ネイマール，卓球，伊調馨等。 ＊圧倒的な強さ，最後まで諦めない心等。	・代表的な選手の写真を掲示し選ばせてもよい。 ・成績のすばらしさに惹かれる傾向を押さえる。
展開	○IOC会長が北京五輪で一番感動した選手を知る。 ・教材のAを読む。 ・教材のBを読む。 ○エモンズ選手の気持ちを考える。 ○会長が何に感動したかを考える。	・マシュー・エモンズ選手，オリンピックの記録，競技「ライフル3姿勢」について知る。 ・北京五輪での失敗を知る。 ・アテネ五輪での失敗を知る。 ＊相当落ち込む，どうすればよかったか反省，何度失敗すればいいのだろう等。 発問　会長は，マシュー選手の何に感動したのだろう。 ・個人で考えた後，全員起立をして順に発表し，自分の意見が全部出た生徒から着席する。 ＊失敗は失敗で認めている。 ＊次のオリンピックに向かっている。	・教師が説明する。 ・なぜだろうと問題意識が出るであろう。 ・教材のAを提示する。 ・教材のBを提示する。 ・分類した意見を①，②，…にまとめる（3～4程度）。
	○自分には何が響いたかを考える。 ○対話的に考えを交流する（AL）。	中心発問　あなたがこれから生きていく上で参考になるのはどれか。 ・異なる順序の生徒同士でグループをつくり理由を伝え合う（活動1）。続いて，同じ順にした生徒同士でグループをつくりその理由を聞き合う（活動2）。もとの班に戻り再度理由を述べ合う（活動3）。	・参考になる順に並べさせ，見える化する。
終末	○教材のCを読む。 ○その後のオリンピックの結果を知る。	・リオでは入賞できなかったが，ロンドンでは9発の平均は10.1点で2位。最後の一発が最低の7.6点だったが銅メダルを獲得したことを知る。	・教師が範読する。 ・余韻を残して授業を終える。

Aの視点　Bの視点　Cの視点　Dの視点

主として自分自身に関すること

4 教材の概要

資料「はい上がる姿に感動」（朝日新聞　2008年8月31日21面）

北京五輪で国際オリンピック委員会（IOC）のロゲ会長が一番感動したという選手の物語を，紹介したい。

B　主人公は27歳の射撃選手，マシュー・エモンズ（米）。4年前，彼は悲劇のヒーローとして，一躍有名になった。アテネ五輪の男子ライフル3姿勢決勝で，エモンズは9発目まで首位。最終10発目で8.0点以上なら金メダルだったのに，自分の隣のレーンの的を撃つ信じられない失敗で0点。8位に沈んだ。「気持ちを静めることだけに集中して，レーンを気にとめなかった。次からは気をつける」。当時そう語った。

そのアテネで出会ったチェコの射撃選手，カテリナさんと結婚。2人で北京五輪出場の夢をかなえた。競技初日の9日，妻はエアライフルで優勝し，大会金メダル第1号になった。2人のキスする写真が地元紙の1面を飾った。

A　エモンズは15日のライフル伏射で銀メダルを取り，17日，因縁のライフル3姿勢決勝に挑んだ。好調に首位を走り，最終10発目で7点以上なら金メダルだった。ところが，まさかの4.4点の大失敗。メダルも逃す4位だった。「指が震えていたわけじゃないと思うけど……。でも，最後に4.4点でも4位なんて，ある意味すごい。また4年後挑戦するよ。すべき理由があるからね」とエモンズ。

C　「私が感動するのは，失敗を認め，また金メダルをめざす彼の態度だ」とロゲ会長。感動を呼ぶのは，頂点を極めた勝者だけではない。挫折を受け入れ，またはい上がろうと努力する姿も，見る人の心を打ち，勇気を与えてくれる。

（稲垣康介）

5 授業展開例

「北京五輪で最後に失敗したエモンズ選手の気持ちを想像してみよう」と発問すると，「大舞台での失敗だから相当悔しい思いだろう」「どこかに隠れたい」「もうやめたい」等の意見が出ました。「アテネ五輪で最後に失敗したエモンズ選手の気持ちを想像してみよう」と発問すると，「前回の反省が生かされていない」「何度失敗すればいいのだろう」等の意見が出ました。

| 発問　会長は，マシュー選手の何に感動したのだろう。 |

　個人で考えた後，全員起立をして順に発表し，自分の意見が全部出た生徒から着席します。7つ出た意見を生徒にまとめさせると，「①失敗の受け止め方が明るいところ」「②次のオリンピックのことを考えているところ」「③失敗にくじけない心の強さ」「④このような失敗ができるのも，そもそも実力が高い位置にあるから」の4つの意見に集約されました。

| 中心発問　あなたがこれから生きていく上で参考になるのはどれか。 |

　A4用紙に感動する順に大きく書かせ，その理由も書き加えさせました。その用紙を見せるようにして以下のように班を組ませ，その中で話し合い活動をさせていきました。
　活動をすることで，何のための話し合いかを明確にして聞き合うことができました。

【活動1】異なる順序の生徒同士でグループをつくる
生徒A　（③①②④の順）自分ならアテネ五輪でくじけてしまった。くじけてはいけない。
生徒B　（①③②④の順）自分と違うのは，失敗に対しても前向きな受け止め方ができる。
生徒C　（④③②①の順）オリンピックで失敗ができるのも，オリンピックに出ているから。

【活動2】同じ順にした生徒同士でグループをつくる
生徒A　（③①②④の順）自分ならアテネ五輪でくじけてしまった。くじけてはいけない。
生徒D　（③①②④の順）この失敗以外にも苦しいことはあるはず。それでも負けない。
生徒E　（③①②④の順）世間からもいろいろ言われたと思う。それにも負けない強さがある。
生徒F　（③①②④の順）くじけないのは失敗の受け止め方による。迷ったが③①の順にした。

【活動3】活動1のグループに戻り，他の「感動した理由」を紹介し合う。
生徒A　（③①②④の順）世間から悪く言われ，他の失敗もあると思う。しかしくじけない。
　＊生徒Aは，生徒D，生徒Eの発表を取り入れて説明した。
生徒B　（①③②④の順）失敗は成功への道標。そう思って乗り越えているところに学んだ。
生徒C　（④③②①の順）失敗ができるのは実力があること。失敗はつきものになる。

6　評価について

　授業に取り組む様子や発言，記入したワークシートを基に，ロゲ会長がマシュー選手の何に感動したのか，自分は何に感動したのかを考えることができたかで評価します。

（桃﨑　剛寿）

真理の探究，創造【A-(5)】

高い志を抱き，真理を探究した生き方を考えよう

●自作教材「人生を変えた一杯のみそ汁」(『中学校道徳3　あすを生きる』日本文教出版)

	指導方法			学習活動・授業の工夫			
	登場人物への自我関与が中心の学習	問題解決的な学習	道徳的行為に関する体験的な学習	ペア・グループ・全体での話し合い	切り返し等重層的発問を生かした語り合い	体験的な活動・動作化役割演技	ノート，自作教材，ICT等の活用
道徳的な価値についての自覚や「見方・考え方」を深めることによる，道徳的な問題発見・解決及び成長に向けた深い学び	●	●					●
多様な価値観に基づく感じ方・考え方や生き方の交流等を生かした対話的な学び				●			
道徳学習の意義を理解し，自己を見つめ振り返る中で成長を実感し，人間としての自己の生き方について考える主体的な学び				●			

1 授業のねらい

なぜ主人公は味噌づくりに生涯をかけていこうと決意したのかを考えることを通して，人生をかけて実現する価値あるものを探究するすばらしさに気付かせ実践意欲を高める。

2 授業づくりのポイント

本教材では，自分の職を変えてまで，味噌づくりの道へ進み，ひたむきにおいしい味噌づくりを探究する主人公の生き方に迫ることで，高い志を抱き，理想の実現に向かうことのすばらしさを感じ取らせます。「自分ならどうするか」という選択肢にもふれながら，小グループでさらに話し合いを深め，よりよい生き方を考えさせていきます。また，先代が味噌づくりを守り抜いてきた本当の意味を考えることで，さらに真理の探究した生き方に迫ることができます。

3 学習指導案

(1) 主題名　真理の探究，創造【A-(5)】
(2) 教材名　「人生を変えた一杯のみそ汁」(『中学校道徳3　あすを生きる』日本文教出版)
(3) 展　開

	学習活動	発問と予想される生徒の反応	指導上の留意点
導入	○自分の夢を発表する。 ○味噌づくりについて簡単に知る。	・自分の人生にどんな理想を描いているか。	・価値への方向付けをする。
展開	○条件・状況を知る。 ○教材を読む。 ○作者が驚いたことを確認する。 ○自分ならどうするかを考える。 ○小グループで各自の意見を出し合い話し合う。 ○いろいろな生き方がある中で，主人公が切り拓いていった人生を考える。	**発問**　手づくりにこだわるおやじさんの言葉から，主人公はどんなことを感じたのだろう。 ＊どうしたらあんなにおいしい味噌ができるんだろう。 ＊日本の味を機械も使わず何百年も守っているのはすごい。 **発問**　自分ならどうしていただろう。人生を変えてまで取り組めただろうか。 ＊おやじさんのように本当においしい味噌をつくっていきたい（人生を変えていく）。 ＊エンジニアの仕事にも意義はあるのではないか（今の仕事を大切に生きる）。 **中心発問**　主人公を味噌づくりに駆り立てたものは何だったのだろう。 ＊おやじさんのように生きたい。 ＊自然の力に任せる機械を扱う世界とはまったく異なる世界に目が開いた。	・教師が範読する。 ・味噌に魅せられ自分とはまったく異なる世界に生きるおやじさんの生き方に関心を高める主人公の気持ちに十分共感させるようにする。 ・人生を変えてまで探究しようとした主人公の生き方を自分の課題として考えることで深く生き方を考える。 ・本物づくりを探究し続けていこうとするひたむきな主人公の思いをしっかりととらえさせるようにする。
終末	○振り返りシートに記入する。	・夢に向かって自分の人生を切り拓くためには何が必要なのかを考えながら，振り返りシートに記入する。	・人生をかけて実現する価値あるものに向かう生き方を考えるようにする。

4 教材の概要

　本教材は，エンジニアであった主人公が，たった一杯のみそ汁を食したことで，そのうまさに魅了され，味噌づくりの道へと人生を変えていった実話です。百年以上続いた製法を一から学び，さらにおいしい味噌を探究する生き方からは，まさに生涯をかけて理想を実現しようとする意気込みが感じられます。

5 授業展開例

　生徒はだれしもがよりよく生きたいという願いをもっています。しかし，理想と現実のギャップを感じていることも事実です。導入では，生徒たちの夢を語り合い，価値への方向付けを図りました。事前にカードに記入させ，黒板に掲示したり，プリントにして配付したりすることで，人はそれぞれに違った夢や価値観があることに気付いていきます。

　また，味噌汁は日本人のソウルフードであり，小学校の家庭科で実習を経験していることから，味噌づくりには簡単にふれる程度で教材へと入っていけます。味噌樽の写真等を掲示すると効果的です。

> **発問**　手づくりにこだわるおやじさんの言葉から，主人公はどんなことを感じたのだろう。

　伝統を守り続けるおやじさんが後姿で語る生き方を考えることで，自分とはまったく異なる世界への関心を高める主人公の思いに迫ることができました。機械を使った仕事ではなく，自然と一体化した味噌づくりのすごさは，子供たちにも十分に伝わっていました。

> **発問**　自分ならどうしていただろう。人生を変えてまで取り組めただろうか。

　自分ならどのように生きるだろうかということを問うことで，より自分の課題として考えることができました。そしてさらには，小グループで意見交流することで，多様な考えを知り，人生を変えてまでおいしい味噌を追究しようとした主人公を考えることへとつなぐことができました。

> **中心発問**　主人公を味噌づくりに駆り立てたものは何だったのだろう。

　人生をかけてまで実現する価値のあるものを見出した主人公をとらえることで，絶えず高い志をもち，理想の実現を目指して未来を切り拓く生き方を考えることができました。

生徒A　おやじさんが，何百年も機械を使わずに味噌を守ってきた，本当の意味に気付いたから。
教　師　では，本当の意味とは何だと思いますか？　もう少し聞かせてください。
生徒A　自然と一体化して真においしい味噌をつくろうというひたむきな思いです。
生徒全　うん，うん（何人かの生徒が頷いている）。
教　師　同じ意見でも加えてみてください。
生徒B　そして，自分もそこに価値を見出し，自分もとことんおいしい味噌をつくってみたいと思ったのだと思います。
教　師　今ある仕事を辞めることになりますが…
生徒C　どうしてもとことん追究したいという思いに駆られていたのだと思います。それほど味噌汁がおいしく，また，味噌から伝わってくる自然の恵み，温かさ等，いろいろな思いがめぐったのだと思います。
生徒D　だから，もうそこに人生をかけたかったのです（みんな頷く様子）！

　ひたむきにおいしい味噌づくりにこだわるおやじさんの言葉から，主人公が生き方を変えていったことにもふれながら授業を進めました。また，「自分ならどうするか」を問い，深く自我関与する中で，生徒たちは，自分ならばなかなか今ある仕事を手放せないなという意見も多くありました。
　しかし，小グループでの話し合いを進めるうちに，やはり，エンジニア以上の魅力があったのだろうという意見が多くなってきました。「一度しかない人生を，とことん自分が価値あるものと感じたものに挑戦し，探究していく生き方こそ，すばらしい人生だ」という話し合いがなされていました。意見交流することで，多様な切り口から人生を考え，考えを深めることができました。

6 評価について

　記入した振り返りシートを基に，人はそれぞれその人にとっての価値があるが，常に高い志をもって真理を探究し，すばらしい人生を切り拓いていこうとする姿勢に価値を見出し，夢に向かう生き方には何が必要なのかを考えることで，夢を実現していくことへの意欲を高めているかという観点で評価しました。

（石黒真愁子）

思いやり，感謝【B-(6)】

幸せに気付かないのは
MOTTAINAI ♪感謝して生きよう

● 「MOTTAINAI」（さだまさし作詞・作曲『とこしへ』2005年）

	指導方法			学習活動・授業の工夫			
	登場人物への自我関与が中心の学習	問題解決的な学習	道徳的行為に関する体験的な学習	ペア・グループ・全体での話し合い	切り返し等重層的発問を生かした語り合い	体験的な活動・動作化役割演技	ノート，自作教材，ICT等の活用
道徳的な価値についての自覚や「見方・考え方」を深めることによる，道徳的な問題発見・解決及び成長に向けた深い学び				●			
多様な価値観に基づく感じ方・考え方や生き方の交流等を生かした対話的な学び				●			
道徳学習の意義を理解し，自己を見つめ振り返る中で成長を実感し，人間としての自己の生き方について考える主体的な学び	●						●

1 授業のねらい

「MOTTAINAI」の心を考え，自分の生活を振り返らせることを通して，ものや時間の大切さ，自分の環境，周りの人の愛情等のありがたさに気付き，感謝して生きようとする道徳的実践意欲・態度を育てる。

2 授業づくりのポイント

人が感謝の気持ちを感じるのは，他者の想いに気付いてありがたいと感じ，素直に受け止められた時です。自分が現在あるのは多くの人々によって支えられてきたからであると自覚すると，生き方が変わります。中学生の発達段階を考え，説教でなく，自分の幸せに自然に気付くようなしかけを入れた写真とともに，音楽を聴きます。余韻の残る中，ペアや全体で，多様な価値観に基づく感じ方を生かした話し合い活動をし，振り返りでさらに深めていきます。

3 学習指導案

(1) 主題名　思いやり，感謝【B-(6)】
(2) 教材名　「MOTTAINAI」（さだまさし作詞・作曲『とこしへ』2005年）
　＊補助教材　●「食べ残されたえびになみだ」
　　　　　　　（テムラック・チャオ，地球にやさしい作文コンテスト作品，1993年）
　　　　　　●Wangari Maathai（ワンガリ・マータイ）氏のMOTTAINAIについての演説インタビュー等
　　　　　　●『もったいない』（プラネット・リンク編，2016年）等

(3) 展　開

	学習活動	発問と予想される生徒の反応	指導上の留意点
導入	○どんなことを「もったいない」と思うか考えてワークシートに7つ書く。 ○ペアで言い合い，交流する。	・教材への導入でもあり価値への導入でもある。 ・エコに関することが多く出ると思われる。 　＊電気のつけっぱなし。 　＊水の出しっぱなし。 　＊コンビニで賞味期限が来て捨てるお弁当。 　＊使い捨てのもの。 　＊テストで，わかってるのに間違えた！	・机間指導しながら，代表的な意見や興味深い意見を少し紹介し，どの子供も考えられるよう支援しつつ，考えを広げさせる。
展開	○「食べ残されたえびになみだ」を読む。 ○タイからの留学生チャオ氏の気持ちを考える。 ○「いただく」という言葉を考える。 ○感謝の対象を考える。 ○MOTTAINAIという言葉の意味を知る。 ○スライド写真を見ながら，「MOTTAINAI」の歌を聴く。 ○さらに気付いたMOTTAINAIことを書き，交流する。	発問　日本のパーティでえびが食べ残されているのを見た時，どうして涙がこみあげてきたのだろう。 　＊父が日本人のために一生懸命育てている気持ちを考えると，悔しく悲しいから。 発問　「いただきます」は，何に対するどういう想いの言葉だろう。 　＊牛とか魚とか，食べ物の命をいただくこと，農作物を育てたり，料理をつくってくれたりする人への感謝。自然への感謝。 ・ノーベル平和賞受賞者ワンガリ・マータイ氏のことやMOTTAINAI（勿体無い）という言葉の意味を伝える。 ・3Rや植林活動を知っている生徒がいるかもしれない。 中心発問　今，どういうことをMOTTAINAIと思うか。	・教師が範読する。 ・世界の現状に目を向けさせる。 ・物を大切にすることは，人の思いを大切にすることにもつながると気付かせる。 ・感謝の対象を広く考えさせ，気付かせる。 ・プラネット・リンク社の本を用いてもよい。 ・「勿体＝物体」の本体を失うこと。その価値を活かし切らないこと。畏れ多い。感謝と嘆き。日本人の美徳。 ・感じたことを素直に書けるよう配慮し，交流で深い学びにしたい。
終末	○振り返りシートに記入する。	・友達の意見も思い起こし，自分に戻して，ありがたいなあと感謝することや，授業での気付きを記入する。	・主体的に価値・他者・人間を理解し，生き方をじっくり考えさせる。

4 教材の概要

　豊かで平和な現代に，そのありがたみを忘れて，飽食や使い捨てが蔓延している風潮を批判している曲です。そこに生きる人間についても，他人の気づかいや愛に鈍感なのではないか，幸せであることの気付きと感謝に，生き方のヒントがあるのではないかと歌っています。

5 授業展開例

　まず，「もったいないなぁ…」と思うのはどういうことか，毎日の生活を振り返らせます。自分で考えワークシートに書き，ペアで交流した後，全体で発表させます。生徒からは「電気のつけっぱなし」「冷蔵庫の開けっぱなし」「食べ残し」「消しゴムを最後まで使い切らない」等，総合的な学習で取り組んだ環境教育の観点でとらえた意見がたくさん出ます。「テストで，わかっているのに間違えた！」など，もの以外のことにふれる気付きも少しありました。

　「もったいない」のイメージを全員がもてたところで，補助教材である「食べ残されたえびになみだ」を読みました。タイからの留学生が日本のパーティに出席した場面で，

> **発問**　日本のパーティでえびが食べ残されているのを見た時，どうして涙がこみあげてきたのだろう。

と確認します。ものを無駄にすることの裏にある労苦や無念を思い描くことで，「勿体（もったい）＝物体」の本体がない，その価値が活かされないという，次の意味につながります。

> **発問**　「いただきます」は，何に対するどういう想いの言葉だろう。

　ペアで話し合い，「感謝」という言葉，そして「命をいただく」「つくってくれた人」，家畜を飼育する人，流通，さらに「天気」「地球」も出てきました。震災後に想いを馳せ，健やかな土，水，空気があってこそ食べられること，人間を超えたものへの感謝まで気付きました。

> **中心発問**　今，どういうことを MOTTAINAI と思うか。

　パワーポイントの写真を見ながら歌を聴き，少し呆然とした感じの生徒たちにまず気付いたことをワークシートに書かせ，ペアで語り，クラス全体で交流しました。自分が全体に言うのは照れるという子もいるので，ペアで出た意見をどちらが言ってもよいことにしました。

生徒A　休みの日にお昼まで寝ているのはもったいない。
生徒B　それはそれでいいんちゃうん？　疲れをとっているんやし。

教　師	なるほどね。やりたいことがあるのにできなかったら時間がもったいないって思うよね。けど，ずっとがんばりすぎていてもつぶれるかな。毎日のことで何か他に出た？	
生徒C	学校に来ないのは，もったいない（不登校気味の生徒のことを気にかけて想って）。	
生徒D	授業をさぼるんとか，中学校生活を大切にしないのは，もったいない。	
生徒全	お〜（あいつがそんなこと言うんか…という感じ）。	
教　師	ふ〜ん。自分の時間？　今の環境？　ちゃんと活かさないともったいないっていうことかな？	
生徒E	親から愛されているのに気付かないで，反抗ばっかりしているのはもったいない。	
教　師	（いきなりで驚くが）あ，人との関係でも，もったいないことがあるんやね。自分とだれかとの関係で何かもったいないことあった？	
生徒F	自分を想って言ってくれたことを，素直に聞けないのはもったいない。	
生徒G	人を誤解しているのはもったいない。	
生徒全	うん，うん。へぇ〜（納得しながら，そんなことも言えるのか…と心を開く雰囲気）。	
教　師	それはどういうこと？　何を活かしていないことなの？	
生徒H	周りの人の本当の気持ち？　想ってくれているってことかなぁ？	
生徒I	でも何も言えんよ。けどやってもないのにできないって言うのは，もったいないか。	
生徒J	中２にもなるのにうっとうしいこと言われてけんかして，楽しく生きていないのは…	

　真剣に考え込んだり，あれこれぼそぼそ話したりしながら，周りの人との関係，感謝の表現，人間としての生き方を見つめ直す深い学びに向かいました。

6 評価について

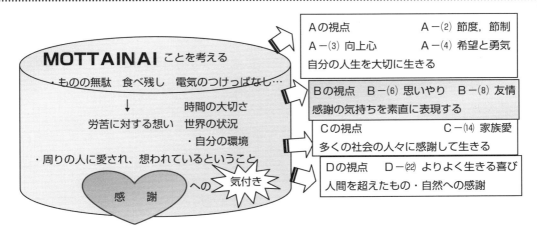

　記入したワークシート，発言，振り返りシートを基に，この時間のねらいへの気付きはもちろん，どのような実践意欲をもつことができたか，その芽生えを把握するようにしました。

（野本　玲子）

思いやり，感謝 【B-(6)】

思いやりの心とはどのようなものか考えよう

● 「賢者の贈り物」（『私たちの道徳』文部科学省）

	指導方法			学習活動・授業の工夫			
	登場人物への自我関与が中心の学習	問題解決的な学習	道徳的行為に関する体験的な学習	ペア・グループ・全体での話し合い	切り返し等重層的発問を生かした語り合い	体験的な活動・動作化役割演技	ノート，自作教材，ICT等の活用
道徳的な価値についての自覚や「見方・考え方」を深めることによる，道徳的な問題発見・解決及び成長に向けた深い学び	●				●		
多様な価値観に基づく感じ方・考え方や生き方の交流等を生かした対話的な学び	●			●	●		
道徳学習の意義を理解し，自己を見つめ振り返る中で成長を実感し，人間としての自己の生き方について考える主体的な学び	●				●		●

1 授業のねらい

　デラとジムそれぞれが相手のことを考えた末にとった行動の奥にある「思いやりの心」について考えることを通して，相手の存在を大切にし，思いやりの心をもって人と接しようとする態度を育てる。

2 授業づくりのポイント

　教材の登場人物の思いを考えるだけではなく，教材を基に，登場人物の行動の奥にある「思いやりの心」とは何かを考えるようにしています。そして，主体的・対話的で深い学びとなるように，ICTを活用して自分たちの生活との関わりをもたせること，グループでの意見交流を通して多様な考えにふれさせること，また，発問や問い返しを工夫して自分との関わりで思いやりの本質を深く考えさせることを学習展開に取り入れています。

3 学習指導案

(1) 主題名　思いやり，感謝【B-(6)】
(2) 教材名　「賢者の贈り物」(『私たちの道徳』文部科学省)
(3) 展　開

	学習活動	発問と予想される生徒の反応	指導上の留意点
導入	○学校生活の中で相手を思いやって行動している場面を想起する。	・このような場面を見て，どのようなことを思いますか。 ＊○○さんは，優しいと思った。 ＊一緒にやってくれて感謝している。	・学校行事や生徒会活動等での思いやりのある行動の場面を電子黒板で紹介する。
展開	○教材を読む。 ○髪を切る前のデラの思いを考える。	・「賢者の贈り物」を読む。 **発問**　鏡の前で涙を浮かべたデラは，何を考えていたのか。 ＊自慢の髪を切ることにためらいはあるけれど，ジムを喜ばせたい。 ＊ジムの喜ぶ顔が見たい。何とか自分にできることをしたい。	・教師が範読する。 ・デラがジムのことを大切に思っていることを押さえる。
	○ジムからの贈り物を見た時のデラの思いを考える。	**発問**　ジムが買ってきた櫛を見た時，デラは，どのようなことを思ったのだろうか。 ＊ジムも私のことを思ってくれていたことが嬉しい。 ＊贈り物は，必要のないものになってしまったけれど，私たちには互いを大切に思う心の絆がある。そのことが何より嬉しい。	・「自分だったらどう思うか」と補助発問をし，自分との関わりで考えさせる。 ・グループで話し合った後，全体で発表させる。
	○デラとジムの姿を通して「思いやりの心」とは何かを考える。	**中心発問**　この話から，あなたが考える「思いやりの心」とは，どのようなものだろうか。 ＊相手のことを思って何かをすること。 ＊相手が喜ぶことや，相手のためになることをすること。	・「相手のこと」とは，相手の何を，どこまで思うのかと問い返し，思いやりの本質を考えさせる。 ・グループで話し合った後，全体で発表させる。
終末	○道徳ノートに，授業を通して考えたことを記入する。	・思いやりの心について，新たに気付いたことや，自分の生活に生かしていきたいと思うこと等，今日の学習を通して考えたことを書く。	・感想は評価資料としても活用する。

Aの視点

Bの視点

Cの視点

Dの視点

主として人との関わりに関すること

4 教材の概要

貧しい夫婦が、互いにクリスマスプレゼントを贈るために、それぞれの大切なものを売って贈り物を用意します。しかし、それぞれの大切なものを失ったことによって、互いの贈り物は相手にとって必要のないものになってしまいます。

5 授業展開例

日々の学校生活等での思いやりある行動の場面を電子黒板で紹介し、その時のことを想起させ、このような場面を見てどのようなことを思うかを問います。

生徒からは、「優しいと思った」「ありがたいと思った」「助け合っていくことは人として当たり前のことだ」といった率直な感想が出ました。

主題への関心をもたせたところで、今日は、「思いやりの心」について考えていきたいと主題を提示します。そして、教材を範読した後、内容確認を行いました。

> **発問** 鏡の前で涙を浮かべたデラは、何を考えていたのか。

「自慢の髪を切ることにためらいはあるけれど、ジムを喜ばせたい」「ジムの喜ぶ顔が見たい。何とか自分にできることをしたい」といった意見が出ました。

> **発問** ジムが買ってきた櫛を見た時、デラは、どのようなことを思ったのだろうか。

「驚いた。そして互いが、大切なものを失ってまで相手のことを思っているのだということがわかって嬉しかった」といった意見が出ました。

その後、「自分だったらどう思うか」という補助発問について、グループで話し合った後、全体での発表をしました。

すると、生徒から「相手のことを思って自分の大切なものを手放したけれど、新しい大事なものを手に入れたという思いがある」という意見が出されたので、「その新しい大事なものは何か？」と問い返しました。生徒からは、「ジムの思いが込められた櫛をもらって、それが自分の髪より大事なものになった。それは、自分の大切なものを失ってでも相手に何かあげたいという気持ち」「それが、愛情であり、思いやりだ」という意見が出ました。

> **中心発問** この話から,あなたが考える「思いやりの心」とは,どのようなものだろうか。

ここで,道徳ノートに自分の考えを書いた後,クラス全体で話し合いました。

生徒A 思いやりの心とは,自分より相手のことを思って何かしてあげる気持ち。
生徒B 相手の立場を考えて行動すること。
教　師 相手の立場を考えて行動するとはどういうこと？ 何か注意することもある？

生徒が考え込んでいたので,グループで話し合った後,クラス全体で話し合いました。

生徒C 相手の立場を正しく理解するのって難しいよなあ。
生徒D 勘違いして行動をとると,かえって相手を困らせてしまうこともある。
生徒E 例えば,自分を犠牲にしてまで何かをするのではなく,自分の気持ちや思いが込もったことをしてあげた方がよい。相手に申し訳ない気持ちにさせてしまう。
教　師 確かに。そんなこともあるね。
生徒F 思いやりって表しにくい。でも,どうすれば相手が喜ぶかだけではなくて,そこからどうしたらもっとその人はよくなるか,もっと進んでいけるか,こうしたら喜んで,もっと進んでいけるってところまで考えることが大事だと思う。

　思いやりとは,単に思いを押しつけるものではないということや,物をあげたりほめたりして相手が喜ぶことや嬉しくなることをするという行動そのものではないという意見が出ました。そして,思いやりの心は,相手を理解し,相手の存在や人生を大切に思う気持ちそのものだという意見が出され,思いやりの本質について考えを深めていきました。

6 評価について

　生徒の発言と道徳ノートの記述を基に,以下の2つの視点で評価を行うこととしました。
【多面的・多角的な見方へと発展している】
　思いやりは,相手を喜ばせることだという表面的なとらえではなく,相手のことを理解し,相手の存在を大切にする思いだという考えにまで見方を広げている。
【道徳的価値の理解を自分自身との関わりの中で深めている】
　自分はどのような思いを込めて,思いやりを表そうとしているのかを考えている。

(森　有希)

思いやり，感謝【B-(6)】

真の思いやりについて考え，温かい人間愛の精神を深めよう

● 「賢者の贈り物」(『私たちの道徳』文部科学省)

	指導方法			学習活動・授業の工夫			
	登場人物への自我関与が中心の学習	問題解決的な学習	道徳的行為に関する体験的な学習	ペア・グループ・全体での話し合い	切り返し等重層的発問を生かした語り合い	体験的な活動・動作化役割演技	ノート，自作教材，ICT等の活用
道徳的な価値についての自覚や「見方・考え方」を深めることによる，道徳的な問題発見・解決及び成長に向けた深い学び	●				●		
多様な価値観に基づく感じ方・考え方や生き方の交流等を生かした対話的な学び	●			●	●		
道徳学習の意義を理解し，自己を見つめ振り返る中で成長を実感し，人間としての自己の生き方について考える主体的な学び	●				●		

1 授業のねらい

デラとジムそれぞれが相手のことを考えとった行動から「真の思いやり」について考えることを通して，温かい人間愛の精神を深め，他の人に対する思いやりの心を育てる。

2 授業づくりのポイント

日常の教育活動（学級経営）の取組を生かした導入の工夫と授業で学んだ道徳的価値を日常の学校生活で実践する場の設定を行います。学級目標を「思いやりの心があふれる学級にしよう」と設定し，終学活でどのような思いやりの心を感じたか具体例を発表させます。道徳の時間と日常生活をつなげる実践により，生徒一人ひとりがどのような考え方をしているのか把握して言動を予想し発問（中心・切り返し）を用意しておくことができます。考えさせたい道徳的価値について中心発問で思考を広げたり深めたりし，問い直し発問でより深く多面的な考え

を引き出すことができるようになります。道徳の時間に学んだことを生徒指導の3機能「自己存在感をもつ」「共感的な人間関係の構築」「自己決定に生かす学級経営」につなげることを意識して実践します。

3 学習指導案

(1) 主題名　思いやり，感謝【B-(6)】
(2) 教材名　「賢者の贈り物」(『私たちの道徳』文部科学省)
(3) 展　開

	学習活動	発問と予想される生徒の反応	指導上の留意点
導入	○日々の学校生活での行動について振り返る。	・終学活時の班会で出された「スペシャル」を紹介し，このような言動をどう思うか問う。 ＊優しい　＊思いやりがある	・学校生活の中から学習課題を見つけ，学習意欲を喚起する。
展開	○教材を読む。 ・デラの思いについて意見交流する。 ○「真の思いやり」について考える。	・『私たちの道徳』p.57を読む。 **発問**　鏡の前で涙を浮かべたデラは何を考えていただろう。 ＊自慢の髪を切るのは少し抵抗がある。 ＊髪は大切だけど，ジムが喜んでくれるなら。 **発問**　ジムが買ってきた櫛を見た時，デラは何を思っただろう。 ＊なんて無駄なことをしてしまったんだ。 ＊大切なものを失ってまでも，ジムが私のためを思ってしてくれたことが嬉しい。 ＊髪も時計も失ってしまったけれど，私たち夫婦は心の絆をより深めることができた。 **中心発問**　デラとジムの行動から，改めて考えた「真の思いやり」とは，どのようなものだろう。 ＊互いの存在を認めること。 ＊相手の考えや行動を尊重すること。 ＊相手を支えたいと思う気持ち。 ＊相手の立場を尊重して行う行為。 ＊相手が重荷に感じないようにすること。	・教師が範読する。 ・情景が浮かぶように，抑揚をつけて読み聞かせる。 ・デラとジムが葛藤しながらも，相手のことを考えて行動したことについて考える。 **補助発問** ・「必要でなくなった櫛やチェーンをもらったデラとジムは嬉しいのだろうか」 ・「嬉しいとするならば何が嬉しいのだろうか」 ・個人「ワークシート」→班→全体 ・机間指導でねらいに迫る意見を記入・討議している個人・班を把握し，意図的な指名により道徳的価値の理解を深める。
終末	○主題に関わる自分の考えや仲間の意見を整理し，ワークシートに記入する。	・今日の授業の感想を書こう。 ・今日の授業の中で仲間の意見や考えでなるほどと思った人はだれか。また，なぜそう思ったのか記入する。	・本時のねらいに迫った意見を発表させ，授業を終える。

4 教材の概要

貧しい夫婦がクリスマスプレゼントをお互いに贈るために，それぞれの大切なものを売ってプレゼントを手に入れますが，そのプレゼントは，それぞれが売った大切なものに付随するものでした。一見愚かな行き違いも，最も賢明な行為であったことに感動する話です。

5 授業展開例

毎日の班会で取り組んでいる生徒の相互間評価「今日のスペシャル」の中から，思いやりのある行動を紹介し，その行動について感想を述べ合うことで学習課題への関心をもたせました。教材を読み，デラの思いについて話し合いました。生徒の考えにじっくりと耳を傾け，問い返しの発問を繰り返しながら，生徒の心をゆさぶり，「真の思いやり」とはどういうものか深く考えさせていきました。

> **発問** 鏡の前で涙を浮かべたデラは何を考えていただろう。

「自慢の髪を切るのは少し抵抗がある」「ジムが喜んでくれるなら」

> **発問** ジムが買ってきた櫛を見た時，デラは何を思っただろう。

「お互いが相手のことを思っていたことがわかったから，嬉しい」「新しい大事なものを手に入れた」「そこまでされてしまうと申し訳ない」「そんなに大切なものを失ってまで，自分のためにしてくれたらやっぱり嬉しいと思う」「嬉しいけど，そこには片一方の愛しか感じられないような感じがする」

> **中心発問** デラとジムの行動から，改めて考えた「真の思いやり」とは，どのようなものだろう。

生徒A 真の思いやりは，物では表せないんじゃないかと思う。もっと深いもの。物を贈るのはただの器をあげることでしかないんじゃないか。
生徒B でも，器がないと，思いやりの心ってものは入っていかないんじゃないかと思う。
教 師 なるほど。そういう考え方もあるね。君なら，その器の中にどんなものを詰めるの？
生徒A 僕は，愛を詰めるね。
生徒C 確かに器はあればいいけど，相手がその器を申し訳ないと思うなら，相手自身を器と考えてもいいんじゃないか。

生徒D 相手のことを考えて、相手が望んでいることをしてあげたり、物をあげたりするだけでは、真の思いやりとは言えないと思います。
教　師 「相手のことを考えて」と言ってくれたけど、相手の何を？どこまで？考えればいいの？
生徒E 物も大切だけど、物でなくてもいい。何をすれば自分にとっても相手にとってもいいのかを考えることが大切だと思う。
生徒F 思いやりの心っていうのは気持ちというか、お互いがお互いのことを考えて何かしてくれているみたいな感じじゃないかな。
教　師 相手が何かしてくれていると知ったらどうかな？
生徒G 相手が知ったら、気をつかわせてしまうから、気づかせないようにする方がいい。
生徒H 本当の思いやりって、相手が知らないところで、さりげなく行われることで、見返りを期待しないことが必要だと思う。押しつけになったり、相手が申し訳ないと思わせないための配慮がいるんだと思う。

※拍手と「スゲー」という感嘆の言動（みんなが頷き、拍手が起きる）

　板書に関しては、デラとジムが互いに自分の大切なものを売ってまで相手にプレゼントをしようとした「思いやりの双方向」がわかりやすいように写真を掲示し、矢印等で表しました。

思考を深めるために問い返しの発問を行った際には、チェーンと櫛のイラストを外して考えさせました。生徒の思考の流れと議論によって出された「思いやりの心」を板書の中心に書くようにしました。

6 評価について（ワークシートより）

・今日のスペシャルで紹介されて嬉しかった。この時間がんばろうと思った。
・デラとジムは本当にお互いを愛して、思いやっているんだなと思った。うらやましい。
・思いやりってさりげなくやることはかっこいいなと思った。やっぱり、自分のためにやってくれていると知ってしまうとなんか申し訳ないなと思う。
・G君の言ったように、相手に気づかいさせないように何かしてあげるのは難しい。
・Hさんの意見を聞いて、自分はつい「○○○をしてやったのに…」と考えることが多いのかなと反省した。
・明日の学級の目標は「思いやり」だと思うので、だれにどんなことをしてあげようかと考えてみる。だれかに思いやりの心をつかってもらえるのかなと思うと楽しみです。

（谷内　宣夫）

思いやり，感謝【B-(6)】

問題解決的な学習の視点に立って，思いやりの心を深めよう

● 「あかり」（ワカバ『あかり -donation music ver.-』PV）

	指導方法			学習活動・授業の工夫			
	登場人物への自我関与が中心の学習	問題解決的な学習	道徳的行為に関する体験的な学習	ペア・グループ・全体での話し合い	切り返し等重層的発問を生かした語り合い	体験的な活動・動作化役割演技	ノート，自作教材，ICT等の活用
道徳的な価値についての自覚や「見方・考え方」を深めることによる，道徳的な問題発見・解決及び成長に向けた深い学び							●
多様な価値観に基づく感じ方・考え方や生き方の交流等を生かした対話的な学び		●		●			
道徳学習の意義を理解し，自己を見つめ振り返る中で成長を実感し，人間としての自己の生き方について考える主体的な学び							●

1 授業のねらい

> 動画「あかり」の中に存在する問題点について考えることを通して，思いやりの心をもって人と接するとともに，人間愛の精神を深める。

2 授業づくりのポイント

　アクティブ・ラーニングの視点に立って，問題解決的な学習を展開してみました。具体的には，アニメーション動画のどこに問題点があるのかを生徒自身に考えさせました。生徒は，「主人公に手を差し伸べなかったこと」等，いじめに関わる様々な問題点を発見していきました。これらの問題点の根底にあるのは，「人間は他の人との関わりの中で生きており，1人では生きられない」ということです。そして，人との関わりに必要なのが人間愛であり，だれもが人間愛の心を深めていかなければならないということです。

3 学習指導案

(1) 主題名　思いやり，感謝【B-(6)】
(2) 教材名　「あかり」（ワカバ『あかり -donation music ver.-』PV）
(3) 展　開

	学習活動	発問と予想される生徒の反応	指導上の留意点
導入	○好きな歌を出し合う。	・好きな歌はあるか。その歌のどんなところが好きか。 　＊会いたくて　会いたくて（西野カナ） 　＊キセキ（GReeeeN）	・歌に励まされたり，勇気付けられたりすることが多い。歌には，力があることを押さえたい。
展開	○動画を視聴して考える。 ○歌の感想を聞く。 ○「あかり」の動画の問題点を発見し，話し合う。 ○「あかり」の歌は，私たちに何を伝えているのかについて考える。 ○ひとりぼっちの人に伝えたいことを考える。	・先生の好きな歌として「あかり」を動画で紹介する。 ・「あかり」の歌を聞いて，どんな感想をもったか。 **発問**　グループに分かれて，「あかり」の動画の問題点を発見し，話し合おう。 　＊主人公に手を差し伸べなかったこと。 　＊主人公の存在を無視したこと。 　＊傷付ける言動を行ったこと。 **中心発問**　「あかり」の歌は，私たちに何を伝えているのだろうか。ワークシートに書いてみよう。 　＊「あかり」になってほしい。 　＊希望，優しさ，温もり，親切になってほしい。 **発問**　もし，ひとりぼっちの人がいたら，どんなことを伝えたいか。 　＊あなたを心配しています。 　＊あなたの話を聞かせてください。	・歌とともに，動画のアニメーションに注目させる。 ・生徒の思い思いの感想を引き出し，主体的な学びを促すようにする。 ・それらの問題点の根底にある人間愛についても考えられるようにする。 ・「大粒の涙を流した時」「泣きたくても泣けなかった時」等の場面をヒントにして考えさせる。 ・「あかり」の歌は，人との関わりの中で，「愛」が大切であることを伝えていることを押さえる。 ・話を聞いてあげたり，そばにいて見守ってあげたり，思い思いの考えを吸い上げる。
終末	○教師の説話を聞く。	・先生は，こんなことを考えている。 　＊教師の話を聞く。	・本時のねらいに関連させた説話を行う。

Aの視点

Bの視点

Cの視点

Dの視点

主として人との関わりに関すること

4 教材の概要

　だれからも無視され，深く傷付けられ，自分の殻に閉じこもった主人公が，他の人との関わりを通して，再び，明日に向かって歩き出すという内容です。歌詞には，様々なやさしい言葉がちりばめられています。歌を聴いた生徒は，どこかで見守る人がいて，手を差し伸べる人がいることを実感することができます。この教材は，「1人で悩まないで，だれかと手を取り合って歩んでいくことが大切」というメッセージを投げかけています。

　なお，本動画は，2011年3月には，内閣府「いのち支える（自殺対策）プロジェクト」にキャンペーンソングとして起用され，このための別バージョンとして制作されたものです。

5 授業展開例

　授業の導入では，好きな歌について，どんなところが好きなのかを聞きました。生徒は，思い思いに発言しますが，教師は，歌に励まされたり，勇気付けられたりすることが多いことを押さえる程度にしました。

　展開では，「先生の好きな歌を紹介します」と言って，「あかり」を視聴しました。アニメーション動画は，テンポよく場面が進んでいくので，問題と考えられる場面をあらかじめプリントアウトしておいたり，歌詞を配付したりする等の配慮が必要です。

　グループの話し合いでは，動画のどこに問題点があるのかを出し合い，その理由を話し合わせました。「人間は，辛く，さびしく，ひとりぼっちで，不安な時には涙が出ない。安心した時に大粒の涙が出る」ことを，自分との関わりを通して話し合えるように配慮しました。

　また，グループで話し合った後，どのような意見が出たのかを全体の前で発表してもらいます。

　（以下のようなやりとりを参照）

　発表後，さらに，「歌詞の冒頭部分は，どんなことを伝えたかったのですか」と発問を行い，ねらいである人間愛について深く考えられるようにします。その後，「あかりの歌は，私たちに何を伝えているのか」をワークシートに記入させました。

展開例抜粋（例）

教　師　歌詞の冒頭部分は，どんなことを伝えたかったのですか？
生　徒　あなたは，ひとりじゃないんだよ。
生　徒　僕が，いつでもそばにいるよ。
教　師　なるほど。でも，そう言っても，みんな見て見ぬふりをして，そんなことを伝える人って，いないじゃないですか。
生　徒　確かにそうかもしれません。自分が手を差し伸べたら，「いい格好をつけている」とみんなに言われるからです。

| 生　徒 | 私も同じです。
| 教　師 | 勇気がいるということですか。でも，勇気がないから，そのままにしていたら，何も変わりません。何が大切なのでしょうか？
| 生　徒 | その人のことを心から心配することだと思います。
| 生　徒 | その人の心の痛みを，自分の心の痛みのように感じることだと思います。
| 教　師 | なるほど，その人のことを，自分のことのように感じるということなのですね。そのことを踏まえて，「あかり」の歌は，私たちに何を伝えているのか，ワークシートに記入してください。
| 生　徒 | （ワークシートに記入する）

　ワークシート記入後，数名の生徒に発表してもらいます。教師は，あらかじめ机間指導で「愛情」に関わるような記述をした生徒を確認しておき，意図的に指名して発表してもらいます。

記述例

| 生　徒 | 「生きる意味」を伝えているのだと思います。もし，自分がひとりぼっちだったら，この世から消えてしまっても心残りはないかもしれません。でも，自分を必要としてくれる人がいれば，「その人のためにも，明日もがんばろう」と思えるはずです。だから，殻にこもっていないで，だれかに助けを求めようと言っているのだと思います。
| 生　徒 | 「希望」を伝えているのだと思います。人生は，さびしくても，悲しくても，必ず「希望」というあかりが差し込んでくるはずです。そうすれば，また新しい人生が踏み出すことができるからです。必ず，あなたのことを見守っている人がいるから，落ち込まないで，前を向いて歩いていこうよと言っているのだと思います。
| 生　徒 | 「あなたを必要としてくれる人がいる」ことを伝えているのだと思います。だれからも相手にしてもらえなくても，自分の殻が厚くなってしまっても，きっとだれかが自分のことを見つけて，暗闇から外に出してくれることでしょう。なぜならば，あなたを必要としてくれる人がいるからです。

6 評価について

　問題解決的な視点に立つということは，問題を探究することであり，追求することです。言い換えれば，問題探究的，問題追求的な視点に立つということです。教師は，このことに十分留意した上で，本授業について評価することが大切です。特に，いじめ問題については，人間の業のようなものですから，解決するのは極めて困難です。だからと言って，諦めてしまっては何も始まりません。自分のできる範囲で行動を起こすことが大切です。また，いじめ解決に向けて，行動を起こしたからと言っても，すぐに解決するとは限りません。繰り返し，粘り強く，解決に向けて，努力を積み上げていくことが大切です。

（松原　好広）

思いやり，感謝【B-(6)】

弱さを乗り越え，強く生きることを考えよう

● 「償い」（『私たちの新しい生き方』新学社）

	指導方法			学習活動・授業の工夫			
	登場人物への自我関与が中心の学習	問題解決的な学習	道徳的行為に関する体験的な学習	ペア・グループ・全体での話し合い	切り返し等重層的発問を生かした語り合い	体験的な活動・動作化 役割演技	ノート，自作教材，ICT等の活用
道徳的な価値についての自覚や「見方・考え方」を深めることによる，道徳的な問題発見・解決及び成長に向けた深い学び	●						
多様な価値観に基づく感じ方・考え方や生き方の交流等を生かした対話的な学び				●			
道徳学習の意義を理解し，自己を見つめ振り返る中で成長を実感し，人間としての自己の生き方について考える主体的な学び					●	●	●

1 授業のねらい

償い切れない過ちを犯してしまった主人公「ゆうちゃん」の生き方を通して，人間の弱さを共感的に理解し，それを乗り越えて強く真摯に生きる姿勢を育てる。

2 授業づくりのポイント

本教材の歌を聴いた時，主人公のあまりにも切なく悲しく優しい気持ちに心打たれました。歌を聴くだけでは伝え切れない臨場感を体験させた上で，さだまさし氏の「償い」にふれさせ，人間愛について深く心に刻ませたいと考えました。

そのために，歌詞では歌い手側からの視点の内容であったものを，主人公「ゆうちゃん」から語った資料を作成し，再現構成法で展開しました。

3 学習指導案

(1) 主題名　思いやり，感謝【B-(6)】
(2) 教材名　「償い」(『私たちの新しい生き方』新学社)
(3) 展　開

	学習活動	発問と予想される生徒の反応	指導上の留意点
導入	○ウォーミングアップのゲームを隣同士で行い，リラックスする。	・盛り上がって取り組む。 ＊楽しい。 ＊今日はこのペアの人と心について考えるんだな。	・内容に関係ない楽しい雰囲気をつくるエクササイズを行う。
展開	○ゆうちゃんの白い切り絵を貼り，ストーリーを読み出す。 ○雨の夜，何があったかを想像させる。 ○ゆうちゃんの切り絵を反転させ，青い顔を貼る。 ○奥さんが何と言ったか，隣同士でロールプレイし，発表する。 ○その後，ゆうちゃんがどうして働き詰めたかを考える。 ○7年後の奥さんからの手紙の意味を考える。	・教師の語りと再現構成法に集中する。 発問　雨の夜，ゆうちゃんにどんなことが起きたと思うか。隣同士で話し合おう。 ＊事故を起こした。 ＊人をはねた。 ＊はねた人が死んでしまった。 発問　奥さんはゆうちゃんに何と言ったと思うか。役を決めてロールプレイしよう。 ＊何てことしたのよ！ ＊どうしてくれるの！ ＊人殺し！！ 中心発問　どうしてゆうちゃんは働き詰めだったのか。 ＊償いをするため。 ＊自分のできることを精一杯やった。 ＊何もかも忘れるため。 ＊ゆうちゃんが許されて嬉しい。	・生徒に資料は渡さず，補助教材(絵やフラッシュカード)を使いながら，教師の語りで再現構成していく。 ・ペアで話し合わせておくと，考えもまとまり，全体に発表しやすくなる。 ・ロールプレイのウォーミングアップとしてもペアトークは有効。 ・中心発問はじっくりペアで考えさせ，発表に臨ませる。切り返しの発問や他の生徒からの疑問等を挟みながら，より考えを深めていく。
終末	○さだまさし氏の「償い」をCDで聴く。 ○振り返りシートに記入する。	・静かにじっくりと歌詞を聴く。 ・さだまさし氏からの視点でさらに感動が増す。落涙する生徒もいる。 ・真剣に振り返りシートを記入する。	・振り返りシートの裏に「償い」の歌詞を印刷しておく。 ・静かに書ける環境を配慮する。

Aの視点
Bの視点
Cの視点
Dの視点

主として人との関わりに関すること

4 教材の概要

　真面目に働いていた運転手のゆうちゃん。真面目さゆえに，疲労もたまっていました。ある雨の夜，とうとう事故を起こしてしまいます。亡くなった男の人には奥さんと子供が。
　「人殺し」となじられ，絶望するゆうちゃん。その後，ゆうちゃんのとった行動は，働いて働いて働いて，奥さんに毎月送金をすることでした。ずっと何の連絡もなく。
　しかし，7年経ったある日。奥さんから手紙が来たのです。「あなたの優しい気持ちはわかりました。もう送金はやめてください。あなたの文字を見るたび，夫を思い出して辛いのです。そして，あなたの人生を元に戻してあげて」…。

5 授業展開例

　さだまさし氏の歌詞を，「ゆうちゃん」側からリライト（自作）した資料を使い，ストーリーを展開していきました。

> 発問　奥さんはゆうちゃんに何と言ったと思うか。役を決めてロールプレイしよう。

　ロールプレイを行った後，挙手させます。

生徒A　バカやろう！
教　師　そんなもんじゃないよ。
生徒B　どうしてくれるんだ！
教　師　まだまだそんなもんじゃない。
生徒C　夫を返せ！
教　師　みんな優しいね。
生　徒　…
教　師　奥さんはこう言いました。「人殺し！　あんたを許さない！！」
生徒A　すごい，そこまで言っちゃうんだ…

　夫と子供たちの父親を奪われた奥さんの言葉に，生徒たちは悲しみと怒りの深さを感じていました。
　その後，自分がゆうちゃんだったらどうするかと問うと，「生きていられない」「死んでしまいたい」「精神的に参ってしまう」「引きこもりになる」等，口々に言いました。
　ゆうちゃんは人が変わったように働いて，働いて，働いて…。と，ストーリーを読み進めました。

> **中心発問** どうしてゆうちゃんは働き詰めだったのか。

　隣同士で話し合わせます。自分の気持ちや意見を一度共有してからの発言なので，すっと手があがります。

生徒D　償いの気持ち（まだ「償い」というキーワードは出てきていない）。
教　師　そうか。「償い」ね。（と言って板書し，「罪や過ちの埋め合わせをする」と掲示）だけどゆうちゃん，きっとそれだけのためではなかったと思います。
生徒E　わかった！　何もかも忘れたかったからだ！
生徒全　うん，うん（クラスの反応が大きかった）。
教　師　忘れるために，他の方法をとってしまう大人もいるね。
生徒F　酒！
教　師　お酒は合法だよね，飲み過ぎるといけないけど。
生徒F　あっ！　麻薬！！
教　師　うん，そういう大人もニュースでよく聞くよね。
生徒G　辛い時，どうやって乗り越えるかが大事なんだ…過ちはしたくないけど，犯しちゃった時にどうするかで決まるんだ…

　生徒たちはそれまでゆうちゃんを「過ちを犯した人」という目で見ていましたが，この発問以降「がんばれ！」「尊敬する」「だれもが過ちを犯す可能性がある。私がそうなったらゆうちゃんのように逃げないで誠実に償う」という意見が多く出ました。
　その後，7年後に届いた「あの人」からの手紙を読み，「償い」の歌を全員で聴きました。涙を流す生徒が多くおり，しっかりメッセージを届けられたと感じました。

6 評価について

　授業中の発言内容，表情，その他を注意深く観察します。また，振り返りシートの記述から，自分の過ちや他人の過ちに思いを寄せ，乗り越え，または許す優しい心情をもてたかを読み取るようにしました。

（堀川　真理）

思いやり，感謝【B-(6)】

心の内面を見つめてみよう

● 「バスと赤ちゃん」（『中学生の道徳1　自分を見つめる』廣済堂あかつき）

	指導方法			学習活動・授業の工夫			
	登場人物への自我関与が中心の学習	問題解決的な学習	道徳的行為に関する体験的な学習	ペア・グループ・全体での話し合い	切り返し等重層的発問を生かした語り合い	体験的な活動・動作化役割演技	ノート，自作教材，ICT等の活用
道徳的な価値についての自覚や「見方・考え方」を深めることによる，道徳的な問題発見・解決及び成長に向けた深い学び	●	●			●		
多様な価値観に基づく感じ方・考え方や生き方の交流等を生かした対話的な学び			●	●		●	
道徳学習の意義を理解し，自己を見つめ振り返る中で成長を実感し，人間としての自己の生き方について考える主体的な学び							●

1 授業のねらい

> バスの中で赤ちゃんを抱えるお母さんの心情を考えることを通して，人の内面に目を向けて思いやり，自らが親切に接していこうとする道徳的意欲を育てる。

2 授業づくりのポイント

　本教材の文末に，「今でもこの光景を思い出しますと，目頭が熱くなり，ジーンときます。私のとても大切な，心にしみる思い出です」と筆者が述べていることから，とても素敵な出来事だったということが容易に想像できます。しかし，違う角度からとらえていくと，本当に素敵な出来事なのだろうかという疑問がわいてきます。

　その疑問に焦点を当てることで，自分自身ができる思いやりある行動とは何か，どのようなことが親切かを考え，重荷にならないようにという配慮がなされた思いやりに気付くことができます。

3 学習指導案

(1) 主題名　思いやり，感謝【B-(6)】
(2) 教材名　「バスと赤ちゃん」(『中学生の道徳1　自分を見つめる』廣済堂あかつき)
(3) 展　開

	学習活動	発問と予想される生徒の反応	指導上の留意点
導入	○テーマから，自分の過去を想起する。	発問　テーマ「親切」から何を連想できるか。 ＊温かい，嬉しい，してあげたいこと…。	・全員発表を行い，意欲を高める。 ・短時間で，リズミカルに発表させる。
展開	○教材を読む。 ○教材の内容を確認する。 ○意見交流する。 ○お母さんの心情を考える。 ○ロールプレイングを行う。 ○意見交流する。 ○お母さんに対する行動を考える。	・本文で魅力を感じたところに線を引きながら読む。 　＊運転手の行動。 　＊乗客の拍手と一体感。 　＊自分にはできないことへの感謝。 中心発問　何度も何度も頭を下げるお母さんは，どんな思いをしていたのか。 　＊運転手や乗客の優しさへの感謝の思い。 ・ロールプレイングを行う。 　　　　　　　(役：お母さん，乗客4人) 　＊周囲の優しさは感じるけど，赤ちゃんが泣き止まないことへの申し訳なさがある。 　＊本当はバスを降りたい。 発問　お母さんに謝らせないようにするには，どうしたらよいのか。 　＊お母さんに気さくに声をかける。 　＊赤ちゃんをあやす。	・教師が範読する。 ・ICTで情景を確認する。 ・作者の心情を素直にとらえさせる。 ・頭を下げることの理由に「感謝」と「申し訳なさ」と，どちらが多いのかを確認する。 ・泣き止まない赤ちゃんを抱えるお母さんの様子を体験させる。 ・ロールプレイングの続きとして，考えた行動を行わせる。
終末	○振り返りシートに記入する。	・映像を見る。 ・テーマと自分の生き方をつなげながら，振り返りシートに記入する。	・ICTで，本時につながる映像を流す。

Aの視点

Bの視点

Cの視点

Dの視点

主として人との関わりに関すること

4 教材の概要

　寒さの厳しい冬，赤ちゃんを抱えたお母さんが満員のバスに乗ります。しばらくすると，赤ちゃんは，車内の人の熱気と暖房による苦しさから泣き出します。その場に居づらさを感じたお母さんは，運転手さんに「ここで降ります」と申し出ます。状況を察した運転手は，お母さんと赤ちゃんが車内に居やすくなるようなアナウンスを流します。その運転手の粋な計らいに，車内の乗客全員が拍手で応えるという内容です。

5 授業展開例

　授業の始めに，道徳の時間がどのような時間なのかを確認しました。
※私は，「人間的な魅力を探す時間」と伝えています。理由は，道徳の時間が，教師と生徒にとってどのような時間であるかを明確にすることで，生徒がよりいっそう大切な時間としてとらえることができると思っているからです。
　その後，「今日の人間的な魅力は『親切』です」とテーマを示しました。

> **発問**　テーマ「親切」から何を連想できるか。

　全員発表を行いました。生徒からは，「温もり，温かい，嬉しい，してあげたいこと，気分がよくなる，元気が出る，元気を出させてあげられる」といった意見が出ました。また，全員発表により，テーマが心に浸透し，深く考えようとする意欲が高まってきました。

　教材「バスと赤ちゃん」を読みました。読む前に，教材に生徒の心が入り込むことをねらいとして，「本文の中で，人間的な魅力を感じた場面があればラインを引いてください」と伝えました。生徒は，運転手のアナウンスの場面や乗客が拍手をしている場面等にラインを引いていました。

　読み終わった後，ICTで情景を確認しました。
　寒い厳しい冬，満員のバスの中，泣く子を抱くお母さん，乗客の拍手の様子等の情景を示しました。
　生徒は，イメージを大きく膨らませ，教材に込められている作者の感動に共感していました。また，感想を聞くと，「すごく心温まる話で，自分がバスの中にいたら，きっと，他の乗客と同じようにお母さんに拍手を送ると思います」「運転手の言葉に，すごいなと感じました」といった意見が出てきました。

発問 作者は何にジーンときたのか。

　ラインを引いたところを中心に,「運転手のお母さんのことを考えたアナウンス」「1人の拍手から,全員の拍手に変わったところ」といった意見が出てきました。

中心発問 何度も何度も頭を下げるお母さんは,どんな思いをしていたのか。

　ペアで話し合わせたところ,「周囲への感謝」という内容の意見が出てきました。しかし,「頭を下げることの理由に,感謝と申し訳なさはどちらが大きいか」と聞くと,多くの生徒が「申し訳なさ」と答えました。
　ここで,ロールプレイングを行いました。
※役をお母さん,乗客4人とし,お母さん役には泣き止まない赤ちゃんの人形を抱かせ,乗客の拍手の中,何度も何度も頭を下げる様子を行わせ,感想を聞きました。

母　役　拍手は嬉しいのですが,とても心苦しいです。
教　師　え？　どうして心苦しいのですか？
母　役　拍手してもらっている時も,赤ちゃんが泣き止んでくれないからです。
教　師　バスの中の居心地はよくないのですか？
母　役　よくないわけではないのですが,正直,あの時に降りることができていたら,こんな気持ちにはならなかったかな（みんな真剣に考え込む様子）。
教　師　お母さんの心の中は,申し訳ないという気持ちが大きくなっているのかもしれないね。

発問 お母さんに謝らせないようにするには,どうしたらよいのか。

　生徒からは,「声をかける」「赤ちゃんをあやす」「お母さんにお願いして赤ちゃんを抱かせてもらう」といった具体的な意見が出てきました。

6 評価について

　記入した振り返りシートを基に,他者を思いやるには,心の内面をしっかりと見ようとすることが大切という考えや,自分ができる親切な行動を,自分のこととしてとらえている様子等を評価していきます。その後,内容を学級全体で共有していくことが望ましいと考えます。

（藤永　啓吾）

友情，信頼【B-(8)】

ロールプレイを通して
よい友達とは何かを考えよう

● 「近くにいた友」（『中学校道徳1 あすを生きる』日本文教出版）

	指導方法			学習活動・授業の工夫			
	登場人物への自我関与が中心の学習	問題解決的な学習	道徳的行為に関する体験的な学習	ペア・グループ・全体での話し合い	切り返し等重層的発問を生かした語り合い	体験的な活動・動作化 役割演技	ノート，自作教材，ICT等の活用
道徳的な価値についての自覚や「見方・考え方」を深めることによる，道徳的な問題発見・解決及び成長に向けた深い学び							
多様な価値観に基づく感じ方・考え方や生き方の交流等を生かした対話的な学び						●	
道徳学習の意義を理解し，自己を見つめ振り返る中で成長を実感し，人間としての自己の生き方について考える主体的な学び			●				

1 授業のねらい

　ロールプレイを生かし，オサムの信也に対する心情や考えの変容について深く考えさせることを通して，よい友達になろうとする心情を育てる。

2 授業づくりのポイント

　本授業では，主人公オサムの誤解から信也の胸ぐらをつかんだ場面をロールプレイ（役割演技）で行います。その際，必ず演技を交代してそれぞれの立場で感じ方が異なることを実感させます。また，ロールプレイ後，演技した生徒に「なぜそのようなセリフを言ったのか」「その時何を考えていたのか」等の理由を聞き，それぞれの心情を深く考えられるようにしました。ポイントは，自分のことばかりを考えていたオサムが信也の姿を通して「自分のことばかり考えてはいけない。自分と同じくらい友達のことを考えなければならない」と気付いたことです。

3 学習指導案

(1) 主題名　友情，信頼【B-(8)】
(2) 教材名　「近くにいた友」(『中学校道徳1　あすを生きる』日本文教出版)
(3) 展　開

	学習活動	発問と予想される生徒の反応	指導上の留意点
導入	○友達について考える。	・「友達がいて，よかった」と思ったことはあるか。 　＊嬉しい時，一緒に喜んでくれた。 　＊悲しい時，励ましてくれた。	・事前にアンケートを実施して，教材への関心を高める。
展開	○教材を読んで考える。 ○携帯メールを見た時のオサムの心情を考える。 ○オサムのところに信也が寄ってきた場面をロールプレイする。 ○ロールプレイした人にインタビューして考えを深める。 ○信也の家に向かうオサムの心情を考える。	発問　家に帰り，携帯電話のメールを見た時，オサムは，どんなことを考えていたか。 　＊メールを送ったのはだれだ。 　＊きっと信也に違いない。 ・オサムが，教室に入るなり，信也が寄ってきた場面をロールプレイしてみよう。オサム役だけでなく，信也役も，セリフが浮かんだら，セリフを言ってみよう。 ・ロールプレイした人に，インタビューしてみよう。インタビューの内容をあらかじめ考えよう。 　オサム役へ 　　＊なぜそのようなセリフを言ったのか。 　　＊その時何を考えていたのか。 　信也役へ 　　＊なぜそのようなセリフを言ったのか。 　　＊その時何を考えていたのか。 中心発問　雄一から話を聞いたオサムは，信也の家に向かう途中，どんなことを考えていたか。 　＊信也のお陰でもう一回がんばることにするよ。 　＊信也が陰で支えてくれていたんだね。 　＊信也は，心から信頼できる友達だ。	・教材の状況を想起できるようにする。 ・心のどこかでは「がんばっている」と思っていたが，メールを見て，その気持ちも吹き飛んだ心情にふれる。 ・オサム役と信也役は，必ず，演技を交代して，それぞれの立場での感じ方が異なることを実感させる。 ・ロールプレイした人に，「なぜそのようなセリフを言ったのか」「その時何を考えていたのか」等の理由を聞き，考えを深めるようにする。 ・自分のことばかりを考えるオサムに対し，信也は自分だけではなく，友達のことを心から心配していたことに気付けるようにしたい。
終末	○教師の説話を聞く。	・教師の説話「友達はつくるものか？　それとも，それ以外に大切なことはあるのだろうか？」の話を聞く。	・友達をつくるというよりも，自分がよい友達になろうとすることが大切なことであることを押さえる。

Aの視点
Bの視点
Cの視点
Dの視点

主として人との関わりに関すること

4 教材の概要

本教材は，どこの学校の部活動でも起こる事例であります。主人公のオサムは，野球部に所属しています。熱心に練習を行うものの，ミスばかりしてしまい，知らない相手から「野球部の恥だ。やめちまえ！！」という中傷メールを受け取ります。

オサムは，友人の信也がメールを送信したと勘違いします。そのメールを送ったのは，信也ではなく，他の者が送ったことを後から知ります。そればかりか，信也は，心ない行為に対して部員に注意を促します。その話を聞いたオサムは，信也に対して誤解していたことを恥じるとともに，信也にとってよい友達になろうと考え始めます。

5 授業展開例

導入では，「友達がいて，よかった」と思ったことはあるかについて聞きました。事前に，アンケートをとっておき，それを発表すると効果的です。

展開では，最初に，主人公のオサムが携帯電話のメールを見た時の心情を考えさせます。

次に，教室でオサムが怒りの心情を信也に吐き出した場面について，ロールプレイを行います。演技することにより，オサムと信也の心情を実感できるようになります。その後，ロールプレイした生徒に，インタビューします。これは，インタビューすることにより，オサムと信也の心情を心から実感させるためです。

その後，雄一から信也の話を聞いたオサムは，信也の家に向かう途中，どんなことを考えていたのかを考えさせます。自分のことばかりを考えるオサムと，オサムのことを心から心配する信也の姿を通して，よい友達とはどんな友達なのかを深く考えられるようにします。

終末では，よい友達をつくるということよりも，自分がよい友達になろうとすることが大切であるような説話を行います。そのためには，相手のことを自分のことのように考えることが大切であることを押さえます。

展開例（ロールプレイの場面）

最初は，教材に記述してあるやりとりから始めます。

信　也　オサム。今日の朝練，どうしたんだよ。
オサム　そんなに，俺の情けない顔を見たいのかよ。
信　也　なんだよ，急に。どうしたんだよ。
オサム　お前だろ，メール送ったのは…

ここで，教材ではオサムが信也の胸ぐらをつかみますが，そうなる前のやりとりを生徒に考えさせてロールプレイを行わせます。生徒の中には，教材のように，すぐに興奮したり，落ち着いて相手に自分の気持ちを伝えたりする生徒もいます。大切なのは，友達についてどれだけ深く考えるかであり，茶化したり，格好をつけたりするのではなく，あくまでも友達について，

どのように考えていくことが大切なのかを考えさせます。1つの例として，次のようなロールプレイが考えられます。

信　也　何興奮しているんだよ。
オサム　昨日，俺のところに，「野球部の恥だ」というメールを送っただろう。全部知っているんだよ。
信　也　「野球部の恥だ」って，何のことだよ。
オサム　しらばっくれるなよ。
信　也　本当に，何も知らないんだよ。
オサム　こんなひどいメールを送ってきたのは，お前だろう。
信　也　お前，俺がそんな卑怯な人間だと思っているのかよ。
オサム　卑怯者とは言っていない。
信　也　お前は，野球が好きなんだろう。だからこれまでレギュラーをとりたくて，一生懸命がんばってきたんだろう。少なくとも俺は，そう思っているんだよ。そんな俺が，こんなメールを出すわけないだろう。
オサム　えっ，本当なのか信也…
信　也　当たり前だろう。俺が嘘をつくわけないだろう。
オサム　信也，俺，お前のこと疑ってごめんな。
信　也　わかってくれれば，いいよ。俺たち，友達だろう。
オサム　信也，俺たち友達だよな。

　ロールプレイは，オサムと信也の心情を深く実感させることが大切です。感情的な演技をしてしまう生徒もいますが，生徒の考えた演技なので，それも認めるようにします。

　発問の最後は，雄一からの話を聞いたオサムが，信也の家に向かう途中，どんなことを考えていたかを考えさせます。ここでは，友達について深く考え始めたオサムの心情を取り上げます。特に自分本位だったオサムに対して，信也は相手のことを心配していたことにふれます。

　終末では，よい友達をつくることよりも，自分がよい友達になろうとすることが大切なことにふれた説話を行います。

6 評価について

　中学生の発達段階では，心を許し合える友達をつくりたいと願うようになります。また，気軽に心を打ち明け，心から話せる友達をつくりたいとも思うようになります。しかし，よい友達をつくることよりも，相手にとって自分がよい友達になることを考えることができたのかを評価するようにしました。

（松原　好広）

相互理解，寛容【B-(9)】

個性や立場を尊重し，見方や考え方から謙虚に学ぼう

● 「山寺のびわの実」（『中学生の道徳3　自分をのばす』廣済堂あかつき）

	指導方法			学習活動・授業の工夫			
	登場人物への自我関与が中心の学習	問題解決的な学習	道徳的行為に関する体験的な学習	ペア・グループ・全体での話し合い	切り返し等重層的発問を生かした語り合い	体験的な活動・動作化役割演技	ノート，自作教材，ICT等の活用
道徳的な価値についての自覚や「見方・考え方」を深めることによる，道徳的な問題発見・解決及び成長に向けた深い学び	●				●		
多様な価値観に基づく感じ方・考え方や生き方の交流等を生かした対話的な学び	●	●			●		
道徳学習の意義を理解し，自己を見つめ振り返る中で成長を実感し，人間としての自己の生き方について考える主体的な学び	●	●			●		

1 授業のねらい

> 拘り誤解してきた和尚の真の人柄を知り，拘りを乗り越える生き方を考えることを通して，個性・立場の違いを生かし謙虚に学ぼうとする判断力を育てる。

2 授業づくりのポイント

　個性・立場の違う和尚を悪く思う甚太の拘りと気付きを考えることを通して，互いの個性や立場の違いから謙虚に学び，相互に理解を深めることを考えます。問いは，始めから「甚太が和尚に拘りをもった理由とその（人生上の）意義」にします。生徒たちが気掛かりとする「拘り」を生かし，自分事として考える必然性を感じる「人生上の意義」を最終的に問う内容とします。すべての生徒に話し合う見通しをもたせて議論させます。重層的発問の仕組みを生徒に了解させた上での議論は，生徒に自分の変化成長を楽しみ，協働感覚をもたせます。

3 学習指導案

(1) 主題名　相互理解，寛容【B-(9)】
(2) 教材名　「山寺のびわの実」(『中学生の道徳3　自分をのばす』廣済堂あかつき)
(3) 展　開

	学習活動	発問と予想される生徒の反応	指導上の留意点
導入	○「苦手な人」との関わりを考え，話し合いの内容・教材に興味をもつ。	・「苦手な人」との関わりは，どうしているか。どう思っているか。 ＊うまく避けている。　＊仕方ない。 ・「山寺のびわの実」でその課題を考えよう。	・短時間で価値に対して方向付け，教材に導入する。 ・個性・立場の違う2人の話であることを告げる。
展開	○教材を読む。 ○話し合う内容を，「気掛かり」を生かし決める。 ○甚太が和尚に拘りをもつ様子の叙述部分を確認し，それに対する率直な考えを出し合い，整理する。(○) ○自分の考えの理由・根拠を言い合い，見方・考え方として質問，意見を言い合う。(◎) ○互いの変化・成長を語り合い，学び合う。(⊙)	・「山寺のびわの実」を聞く。 発問　「気掛かり」で，話し合いたいことは…。 ＊おっさんのことをなぜ拘ってしまうのか。 ＊この拘りは，どんな意味があるのか。 中心発問　なぜ甚太はおっさんに拘りをもったのか。また拘りは甚太の人生にどんな意義があるのかを考え，自分が甚太に向けて一言言ってあげるとしたらどんなことを言うか。(○) ○それは甚太の人生にどんな意義があるのか。 ＊ア：人気が羨ましい。→自分にないので拘る。 　意義：羨ましいなら学べば…，意義あり。 ＊イ：個性が違い過ぎ。→理解困難でイライラ。 　意義：理解次第…，受け止め方次第で意義が。 ＊ウ：境遇に恵まれ，ずるい。→反発したくなる。 　意義：学びを自分流に生かせば意義あり。 発問　ア〜ウのどれ。自分としての理由・根拠は。質問・意見はないか。(◎) ＊ア：人の長所として学べば楽しみになるから。 ＊イ：個性理解を諦めるか，余裕をもち楽しむか。 ＊ウ：境遇を生かしよい人生をつくるため生かせば。 質　余裕でイラ…が楽しみに？　応　広い心で。 応　見栄を張らず，自分の生きる楽しみのみで。 発問　級友の意見でハッとし，参考になったもの。貰いができた意見は…。(⊙) ＊自分のとらえ方次第で，学びに…という意見。 ＊人生には人との関係が大…という意見。	・教師が語りで話す。 ・「気掛かり」を生かし考える必然性に気付かせる。 ・拘りに意義を見つけていくことを課題とする。 ・学び合うには，相互に人格を尊重する心がいることに気付かせる。 ・○では「なぜ」と問い，拘りの人生上の意義を率直な意見とする。 ・○◎⊙は重層的な問いとする。 ・◎では○の意見の理由・根拠を話し合い，自分の意見を対象化し，メタ認知を進めながら深める。 ・◎では質疑応答で考えを多面的・多角的にとらえ，全員の理由・根拠を自分事として深める。 ・⊙では級友から得た成長実感を語り，互いの寄与を喜ぶ。
終末	○「人物探訪」を読み，シートに記入する。	・『私たちの道徳』p.76「人物探訪」を読み，振り返りシートを書く。	・『私たちの道徳』は読むだけ。

4 教材の概要

　性が合わない人だと思っている和尚に，甚太は意地悪な気持ちで負傷を負わせてしまいます。しかしその後，和尚の本心を知り，過ちを償うとともに，人々に愛される甚太になりました。

5 授業展開例

　苦手な人との関わりを話題に「関わる機会を少なく…」「関わりをよくする努力を…」等の意見交流後，教材を個性・立場の違いから紹介し，話し合いの見通し・テーマを決めました。

> **発問**　「気掛かり」で，話し合いたいことは……。

「おっさんのこと，なぜ拘る」「こんな拘り，意味あるの」「でも，拘りを感じるのは，何か意味ある」「この拘り，どんな意味があるか話し合いたい」等の意見が出ました。

> **中心発問**　なぜ甚太はおっさんに拘りをもったのか。また拘りは甚太の人生にどんな意義があるのかを考え，自分が甚太に向けて一言言ってあげるとしたらどんなことを言うか。

始めから学級全体で話し合いました。下のような項目で教材叙述表をつくり，「甚太がおっさんに拘りを…，なぜ」の表題を書いて，参考提示しました。下記のような意見が出ました。

〈甚太がおっさんに拘りを…なぜ〉→〈意味・意義はあるのか〉⇒〈言ってあげることは〉

生徒ア　おっさんの人気が羨ましくて，自分にない人気だから，拘っちゃう。→自分も目指せばいい。羨ましかったら…。意義あることになる。⇒素直になれよ。

教　師　なるほど。自分にない人気だから…の後ね。意義ありにするには，目指せばいい…

生徒イ　個性が違い過ぎているから，理解困難だから，イライラする。→意義は，人それぞれと割り切って気にしなければそれだけで終わり，何もない。意義もない。だけど，個性が違う人をおもしろいと感じて，人から学んで生かしていけば，絶対意義ができる。

生徒イ2　自分も同感。→意義は受け止め方次第だと思う。捨てるも生かすも。カッカするなら一旦棚上げもいいし。⇒もうちょっと余裕もって。…カッカする前に，深呼吸したら。

生徒イ3　同感。深呼吸後，おっさんのことを認めている自分に気付くと思う…甚太，半分おっさんのことを認めている。自分で認めたくないだけ。→・⇒意義は自分に正直に…と言いたい。

教　師　出会いの意義なんて，出会う側が，学んで勝手につくれるんだ。すごいよ。すごい。

生徒ウ　おっさんって，生まれた時からお寺にいて，村の人に大事にされて…。でも甚太は結

構苦労してきたと自分で思っている。反発したくなる。→意義は，自分流の考えで，自分の人生を充実するため，生かせば…意義あり⇒甚太さん，境遇に自信もって…

> **発問** （全員に）ア～ウのどれ。自分としての理由・根拠は。質問・意見はないか。

ここで生徒たちの意見をまとめ（ア：羨ましさを認め，素直に生かせば，イ：受け止め方に余裕をもって，生かそう，ウ：境遇の違いを生かそう），全員の立場を決め討論し合いました。

生徒ア　　人の個性って羨ましく見える。それはよいことなんだけど，その後，自分も目指していけばいい。素直なとらえ方が大事…と思うから。

生徒イ　　受け止め方次第と思う。怒ってプイしちゃう前に，ちょっと余裕もって，違いがおもしろい，わからないところがおもしろいじゃん…と思えば，いくらでも学べる…から。

生徒ウ　　境遇を自分で受け入れるか，人や世の中とかに反発することに使うかでこうも違うかと思った。イとも関係するけど。自分の人生，人との出会い方次第…楽しみ。

質問イから　自分はイ。でもいざとなると，受け止め方が下手で，怒ってプイしちゃう方だったなって思う。どう思う？　境遇のこと…。甚太に味方したくなるところがある。

質問アから　自分もそう。自分のことになるとなかなか難しい。変なプライドで見栄張ったり。

応答ウから　人との出会い方次第ってア，イ，ウのどの人たちも言ってくれた…楽しみにしたい（後，自分事としてとらえていく大切さを中心にいろいろな意見が出ました）。

成長実感を語るところで生徒が出した意見は次のようです。

> **発問** 級友の意見でハッとし，参考になったもの。貰いができた意見は…。

生　徒　　一番心に残っているのは，「自分の人生。人との出会い方次第」。…貰いです。

生　徒　　「変なプライドで見栄張ったりで自分のことになると難しい」…が。大事にします。

生　徒　　「受け止め方次第」はその通り。「心の広さ」「余裕」も発見です。

6 評価について

拘り誤解してきた和尚の真の人柄を知り，拘りを乗り越える生き方を考えることを通して，個性・立場の違いを生かし謙虚に学ぼうとする判断力を育てることができたかを評価します。

| 知・個性・境遇の違いがあるから，人は簡単には理解し合えないと思っている。
判・苦手な人はあって当たり前。あまり関わらない方がいい。 | → | 知・個性・境遇の違いがあるからこそ，理解し合えると，心が元気に学びも大きく感じる。
判・苦手な人こそ大切に関わると，自分の学びになることが多いと思い始める。 |

（柴田八重子）

遵法精神，公徳心【C-⑽】

法のもつ意味と個人の権利・義務について考えよう

● 「法と私たちの権利・義務」（『中学校道徳の指導資料とその利用5』文部省）

	指導方法			学習活動・授業の工夫			
	登場人物への自我関与が中心の学習	問題解決的な学習	道徳的行為に関する体験的な学習	ペア・グループ・全体での話し合い	切り返し等重層的発問を生かした語り合い	体験的な活動・動作化 役割演技	ノート、自作教材、ICT等の活用
道徳的な価値についての自覚や「見方・考え方」を深めることによる、道徳的な問題発見・解決及び成長に向けた深い学び		●					
多様な価値観に基づく感じ方・考え方や生き方の交流等を生かした対話的な学び				●			
道徳学習の意義を理解し、自己を見つめ振り返る中で成長を実感し、人間としての自己の生き方について考える主体的な学び							●

1 授業のねらい

2つのエピソードから、遵法の精神の根底にあるものを考えることを通して、法やきまりの意義を理解して進んで守り、規律ある社会の実現に努めようとする実践意欲を高める。

2 授業づくりのポイント

法やきまりの必要性は理解できていても、それらに反発したり形式面からとらえ守ればよしという消極的な考えをしたりする生徒もいます。本教材はイギリスの治安官とリンカーンの法律に関わるエピソードを中心に法律のもつ意味と役割、権利・義務の関係に問題を投げかけています。生徒たちの「法やきまりは必要であるが大切にされていない」という意識の実態に問題意識をもち、遵法の精神の根底にあるものに対する思索を深めるようにします。さらに法やきまりに関わる日々の生活実態に目を向け自己の在り方について深く考えるようにします。

3 学習指導案

(1) 主題名　遵法精神，公徳心【C-⑩】
(2) 教材名　「法と私たちの権利・義務」(『中学校道徳の指導資料とその利用5』文部省)
(3) 展　開

	学習活動	発問と予想される生徒の反応	指導上の留意点
導入	○法やきまりについての学習意欲をもつ。	・アンケート結果から，どんなことが問題だと考えるか。 ＊法やきまりは必要であるが大切にされていない。	・法やきまりに対する意識に問題があることに気付くようにする。
展開	○教材を読んで問題点を見つける。 ○治安官の判決の意味するものを考える。	・2つのエピソードから，法やきまりをどのように考えればよいのだろうか。 **発問**　治安官の判決は厳しすぎないか。一方，どうして厳しい判決を出したのか。 ＊900円の肉で，禁固3ヶ月は厳しい。 ＊家族がかわいそう。 ＊盗みが許されると社会が成り立たない。 ＊物の多少でなく，万引きは許されない。	・2つのエピソードから問題意識をもつ。 ・自分の利益追求のみに走る心の弱さを認めつつも，不正が許されないという法のもつ普遍性を理解するようにする。
	○リンカーンの言葉の奥にあるものを考える。	**発問**　訴訟依頼は法律上問題があるか。一方，どうしてリンカーンは依頼を断ったのか。 ＊貸した金は，返してもらう権利がある。 ＊法律上の権利があっても，人間としての温かい配慮は必要。 ＊法は一人ひとりを大切にする性格をもつ。	・貸した金の返済を求めることの是非について議論を深めるとともに，人間のための法律という側面を理解する。
	○法のもつ意味を考え，生活への生かし方を考える。	**中心発問**　2つのエピソードから，私たちは「法やきまり」とどう向き合えばよいのだろうか。 ＊物の大小に関わらず，盗みは許されない。法は尊重されなければならない。 ＊法を形の上だけで守るのでなく，法が人間のためにあるという法の精神を尊重すべき。	・法のもつ2つの側面性を正しく理解し，遵法精神についての自覚を深めるようにする。
終末	○遵法精神について自己への問いかけを促す。	・法やきまりを大切にすることが，自分にとってどんな意味があるか，ノートに書く。	・道徳的成長を評価し，事後指導につなげる。

Aの視点
Bの視点
Cの視点
Dの視点

主として集団や社会との関わりに関すること

4 教材の概要

本教材は論説文です。2つのエピソードを通して、法やきまりの意義や権利と義務の関係について問題を投げかけるとともに、日常生活における個人の権利・義務に関する公徳の問題を取り上げ、社会の秩序と規律を高めるために、私たち一人ひとりがどうあればよいかについて述べています。

5 授業展開例

アクティブ・ラーニングとして、問題解決的な学習を構想するために大切なことは、問いづくりにあります。生徒が教材や日常生活から主題に関する問題を見つけ、その問題を解決するための学習課題を設定するようにします。

○「法やきまり」に関するアンケートの実施

・学校や地域には「法やきまり」があります。法やきまりは必要ですか。
　（①必要である、②必要でない、③どちらとも言えない）

・みんなは、「法やきまり」を大切にしていますか。
　（①大切にしている、②大切にしていない、③どちらとも言えない）

導入　アンケート結果（図1、図2）からどんなことが問題ですか。

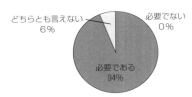

図1　法やきまりは必要ですか　　図2　法やきまりを大切にしていますか

＊学級のみんなは「法やきまり」は必要であると考えていますが、大切にしている人が少ないことが問題です。

展開　教材「法と私たちの権利・義務」を読んで学習課題を設定します。

> 1つ目のエピソードでは、7人の子供を抱え、経済的に困っている父親が肉を盗んだことに対して禁固3ヶ月の判決が言い渡される。2つ目は、貸した金を気の毒な婦人から取り立てる依頼に対して、「法律上の権利があっても、人間として慎むべきだ」として断るという話である。法に関する専門家である2人の対応（法の適用等）の違いから「法やきまり」をどのように考えればよいのだろう。

〈課題解決〉2つのエピソードを中心に、法のもつ2つの側面を考えます。

教　師　1つ目のエピソードでは7人の子供を抱え、経済的に困っている父親が肉を盗んだこ

とに対して禁固３ヶ月の判決が言い渡された。このことについてどう思いますか？
生徒A　罪は罪ですが，900円の肉を盗んだことで，３ヶ月の禁固刑は厳し過ぎます。
生徒B　経済的に困っている父親が子供を養うために盗んだことであり，もう少し刑を軽くしてもよいと思います。７人の子供はこれからどうすればよいのでしょう。
教　師　肉を盗んだ父親に同情したくなりますが，治安官はどうして厳しい判決を下したのでしょう？
生徒C　刑を軽くしてもよいけれど，治安官の立場から例外は許されなかったのでしょう。
生徒D　例外を許すと法が成り立たなくなるし，盗られた人の立場から見れば，盗る人間から保護される権利があると，治安官が考えたのだと思います。

※この話し合いについては，万引きの違法性は額の多少でもなく，公衆は人のものを盗る人間から保護されるべきであり，法は社会の秩序を守るためにあるという法のもつ普遍的な側面をとらえるよう意図しました。

　２つ目のエピソードでは「貸したお金を取り立てる訴訟は法律上問題はなく，貸したお金を返してもらう権利があるのに，リンカーンはどうして訴訟の依頼を断ったのか」とゆさぶりをかけ，話し合いを通して，人間のための法という法の精神の側面を理解するよう意図しました。
・法律上訴える権利があっても，婦人の立場を理解して待ってあげてもいい状況にある。
・自分の権利は大切であるが，法に反していなければ何をしてもよいのではなく，人間として慎まなければならないことがある。一人ひとりを大切にするために法がある。

> **中心発問**　２つのエピソードから，私たちは「法やきまり」とどう向き合えばよいのだろうか。

生徒E　社会生活において，法を守ることはお互いの権利を保障するために大切であることを理解し，進んで法を守るよう努めなければならないと思います。
生徒F　法を単に形の上だけで守ればよいのではなく，法が人間のためにあることを自覚して生活する必要があると思います。
教　師　「法やきまりは必要であるが大切にされていない」ことの問題点も，法やきまりを形の上で守ればよしという消極的な考え方にあるかもしれないね。法やきまりを大切にすることが，あなたにとってどんな意味があるのか道徳ノートに書こう。（事後指導）

6　評価について

・問題解決のために，多面的・多角的に考えていたか。（話し合い，道徳ノート）
・法のもつ２つの側面を理解し，社会の秩序と規律を高めていこうとする意欲が高まったか。

（田邊　重任）

遵法精神，公徳心【C-⑽】

きまりを守ることの大切さについて考えよう

● 「二通の手紙」（『私たちの道徳』文部科学省）

	指導方法			学習活動・授業の工夫			
	登場人物への自我関与が中心の学習	問題解決的な学習	道徳的行為に関する体験的な学習	ペア・グループ・全体での話し合い	切り返し等重層的発問を生かした語り合い	体験的な活動・動作化役割演技	ノート，自作教材，ICT等の活用
道徳的な価値についての自覚や「見方・考え方」を深めることによる，道徳的な問題発見・解決及び成長に向けた深い学び	●						
多様な価値観に基づく感じ方・考え方や生き方の交流等を生かした対話的な学び	●			●			●
道徳学習の意義を理解し，自己を見つめ振り返る中で成長を実感し，人間としての自己の生き方について考える主体的な学び	●						●

1 授業のねらい

二通の手紙を受け取った元さんの気持ちの変化を通して，法やきまりの大切さを理解し，秩序と規律のある社会を実現しようとする態度を育てる。

2 授業づくりのポイント

　規則違反であるにも関わらず，姉弟を入園させてしまった元さんの思いや行動について深く考えることを通して，個人の判断や一時的な感情で行動することは，社会の秩序を乱し，ひいては自他の権利を奪うことにもつながるということに気付かせたいと思います。また，きまりを守ることが自他を守り，よりよい社会をつくることに気付き，生徒自らがきまりを守って生活しようとする意欲を高めたいと思います。

3 学習指導案

(1) 主題名　遵法精神，公徳心【C-⑽】
(2) 教材名　「二通の手紙」（『私たちの道徳』文部科学省）
(3) 展　開

	学習活動	発問と予想される生徒の反応	指導上の留意点
導入	○日常生活を想起する。	・身の回りのルールにはどんなものがあるか。 　＊校則（服装，頭髪等）。 ・守らなければどうなるか。なぜ。 　＊叱られる，罰せられる。	・規則についての意識付けを短時間で行う。
展開	○教材を読む。 ○内容確認をする。 ○元さんが姉弟を入園させた理由を考える。 ○連絡を待つ元さんの気持ちを考える。 ○母親から手紙をもらった時の元さんの気持ちを考える。 ○二通の手紙を並べた時の元さんの気持ちの変化を記述する。 ○記述を基に意見交換する。	・『私たちの道徳』p.140～145を読む。 ・規則を破ってまで姉弟を入園させた時，元さんはどんな気持ちだったのだろう。 　発問　捜索中，連絡を待つ元さんはどのような気持ちだったのだろう。 　＊2人に何かあったらどうしよう。 　＊大変なことになってしまった。 　発問　母親からの感謝の手紙をもらった時，元さんはどのような気持ちだったのだろう。 　＊本当に無事でよかった。嬉しい。 　＊迷惑をかけてしまったのに。 　中心発問　二通の手紙を見比べた時，元さんはどんな想いで辞める決意をしたのだろう。 ・懲戒処分は受けても辞める必要はないのになぜ辞めたのだろう。 　＊感謝されて嬉しいけれど，無責任だった。 　＊多くの人に迷惑をかけてしまった。 　＊こんな思いは二度としたくはない。 　＊自分のしたことは許されることではない。他	・教師が範読する。 ・姉弟を想っての行動だということを押さえる。 ・元さんの行為のどこに問題があったのかを考えさせる。 ・感謝されて嬉しい元さんの気持ちを押さえる。 ・通告書を提示し，懲戒処分について理解させる。 ・道徳ノートに理由や根拠を基に書かせる。 ・発表の際に他の意見でよいと思った意見はメモ欄に書かせる。 ・自分がよいと思ってしたことが取り返しのつかないことにもなることに気付かせる。
終末	○道徳ノートに感想を記入する。	・元さんの生き方を通して考えたことをノートに記入する。	・自己評価欄も記入させる。

4 教材の概要

　元さんは，動物園の規則を知りながら，姉弟の願いを叶えてやりたいという想いから2人の入園を許可してしまいます。それにより園内は大騒ぎになりました。後日，元さんは姉弟の母親から感謝の手紙を，会社からは懲戒処分の通告書を受け取りました。二通の手紙を手にした元さんは，社会における人間としての生き方について改めて考え，辞める決断をします。

5 授業展開例

　「身の回りのルールにはどんなものがあるか」と問い，規則に関する場面を想起させます。生徒からは信号を守らない，授業中静かにしない等，日常生活におけるきまりについての意見が多く出ました。「守らなければどうなるのか」「なぜ，守らなければいけないのか」と問いかけたところで道徳ノートを開き，資料名を記入させます。その後，2人の教師で分担して教材を読みました（手紙の部分はT2が読む）。

　登場人物と内容の確認を簡単に行った後，姉弟を入園させた時の元さんの気持ちを問います。「姉弟がかわいそう」「特別な日だから」等，仕方なくという意見が出ました。

　その後，姉弟が行方不明になった出来事から元さんの気持ちを追います。

> **発問**　捜索中，連絡を待つ元さんはどのような気持ちだったのだろう。

　「見つかってほしい」「どうしているのだろうと心配でたまらない」「早く帰ってきてくれ」「私のせいだ，どうしよう」「なんてことをしてしまったんだ」等，不安，焦り，後悔等の様々な意見が出ました。

> **発問**　母親からの感謝の手紙をもらった時，元さんはどのような気持ちだったのだろう。

　母親からの手紙を再度読み，問いかけると，「自分のせいで迷惑をかけたのに嬉しい」「問題を起こしてしまったのに」等，感謝をされて嬉しいという気持ちや，騒動を起こしてしまったのにというとまどいの気持ちが出ました。

　そして，あらかじめ用意しておいたもう一通の手紙「懲戒処分通告書」を提示し，懲戒処分の意味について解説した後，二通の手紙を黒板に貼りました。

> **中心発問**　二通の手紙を並べて見比べた時，元さんはどんな想いで辞める決意をしたのだろう。

まず，道徳ノートに自分の考えや想いを，なぜそう思ったのかという理由や根拠を基に書かせるための時間をとり，その後，それを基に意見を発表させました。友達の意見で自分とは違う意見や，いいなと思った意見はメモ欄にメモをするようにも指示しました。さらに深く考えられるように，補助発問も行い，ノートへの記述を基に発表を促しました。

生徒A　自分のしたことを反省して，仕事は辞めて，今回学んだことを生かしてやっていこうと思った。
教　師　学んだことって何だろう？
生徒A　規則を守るということ。
教　師　なぜそう思ったの？
生徒A　無責任な判断をして，また迷惑をかけたらどうしようって。
教　師　みんなに迷惑をかけたくなかったのですね。
生徒B　手紙をもらったし，ある意味納得いったから。
教　師　元さんは晴れ晴れとしていたね。
生徒B　自分の責任だから。また同じことをしてはいけないと思って辞めると思う。
教　師　この年になってはじめて考えさせられることばかりってありましたね。
生徒C　自分の勝手な判断で規則を破った自分を恥ずかしく思った。
教　師　なぜ恥ずかしく思ったの？
生徒C　何年もこの仕事をしていたから。だから辞める。

　生徒たちは取り返しのつかないことをしてしまった元さんの深い反省の気持ちと，仕事をきっぱり辞めようとした元さんの姿を通して，規則を破ることによって他の人にも迷惑がかかるということや，姉弟を守るためにもきまりがあったのだということに気付き，あらためて規則の意味を考えていました。

6　評価について

　発言はもとより，道徳ノートへの記述や自己評価を基に，この時間のねらいに迫れたか，またじっくり考えることができたかを確認します。中心発問に対する意見や，本時の学習での学びについての記述を通して，規則は何のためにあるのか，守ることについての意義について考えることができたか，また自己の問題としてとらえられたかを見取ります。そのためにも道徳ノートは，学習記録が残る貴重な資料として生かすことができます。

（佃　千春）

遵法精神，公徳心【C-⑽】

社会におけるきまりの意味を考えよう

● 「二通の手紙」（『私たちの道徳』文部科学省）

	指導方法			学習活動・授業の工夫			
	登場人物への自我関与が中心の学習	問題解決的な学習	道徳的行為に関する体験的な学習	ペア・グループ・全体での話し合い	切り返し等重層的発問を生かした語り合い	体験的な活動・動作化役割演技	ノート，自作教材，ICT等の活用
道徳的な価値についての自覚や「見方・考え方」を深めることによる，道徳的な問題発見・解決及び成長に向けた深い学び	●			●	●		
多様な価値観に基づく感じ方・考え方や生き方の交流等を生かした対話的な学び	●			●	●		
道徳学習の意義を理解し，自己を見つめ振り返る中で成長を実感し，人間としての自己の生き方について考える主体的な学び	●			●			

1 授業のねらい

元さんの思い・判断・振り返りを通して，法やきまりの意義を理解し，秩序と規律ある社会を実現しようとする判断力，心情を育てる。

2 授業づくりのポイント

　本教材は心の葛藤を引き起こし，社会における法やきまりの意義について深く考えることのできる教材です。元さんの規則に違反した行為は，姉弟に事故でもあった場合には，その甘い判断の行為が非難されることにもなります。しかし，元さんのこの行為は姉弟を思いやった行為でもあり，心情的な共感とともに，懲戒処分に対する反発の気持ちも出てきます。指導に当たっては，元さんの思い・判断・振り返りをめぐる道徳的な葛藤について話し合い，社会における法やきまりの意義，それを遵守することの大切さについて考えさせます。

3 学習指導案

(1) 主題名　遵法精神，公徳心【C-⑩】
(2) 教材名　「二通の手紙」(『私たちの道徳』文部科学省)
(3) 展　開

	学習活動	発問と予想される生徒の反応	指導上の留意点
導入	○社会の中のきまりについて考えることを知る。	・「社会」の中の「きまり」について，「二通の手紙」で考えていこう。	・導入なのであまり時間をとらない。
展開	○教材を読む。 ○教材の内容を確認する。 ○「この年になって初めて考えさせられること」について話し合う。 ○きまりの意義について考える。	・『私たちの道徳』p.140〜145を読む。 中心発問　元さんは，二通の手紙で「この年になって初めて考えさせられることばかり…」と言っているが，『この年になって初めて考えさせられること』とはどんなことか。 ＊ア　きまりより，人の気持ちを考えて人として，よいことをした。 ＊イ　よかれと思ってやったことでも認められないこともある。 ＊ウ　自分がよいことをしたと思ってもきまりを破れば責任は自分でとる。　等 発問　ア〜オのどれが自分の意見に近いか。その理由は…。異なる考えに質問・意見は。 ＊ア　姉弟の気持ちを考え，よいことをした。 ＊イ　きまりに感情移入すると，よい結果にならないことがある。 ＊ウ　自分がとれる責任の範囲内ですべき。　等 発問　何のためにきまりはあると思うか。 ＊みんなが嫌な思いをしないため。 ＊人の命や将来を守る。公平。 ＊問題や危険の回避。	・教師が範読する。 ・中心発問の準備として「元さんは，なぜ，規則を破ってまで姉弟を入園させたのか，母親の手紙をどう思ったか」を確認しておく。 ・多様に出た意見を板書で生徒とともにまとめ，違いを考えさせる。 ・板書を見てよく考え，自分の考えはどれになるのか意思表示させる。 ・理由を考え，自分の心を対象化させる。 ・考えの根拠を探りながら価値観を深めさせる。 ・「子供の笑顔を見ることができてよかった」と考えている生徒に，万が一のことがあった場合，「子どもの笑顔が見られるか」問い返して考えさせる。
終末	○振り返りシートに記入する。	・自分になかった考えや学んだことを書く。	・きまりについて学んだことを書かせる。

4 教材の概要

動物園の入園係の元さんは，少女から「今日は弟の誕生日。おじちゃんお願い。入れてください」と言われ，保護者同伴のきまりを破り入園させます。閉園時間になっても姉弟は戻らず，騒然となりますが，無事に発見されます。後日，母親からお礼の手紙と園からの懲戒処分の手紙が届きます。元さんは晴れ晴れとした表情で退職します。

5 授業展開例

学校にも，社会にも，法やきまりやルールがあります。今日はこのことについて考えてみようと思います。すぐに教材の範読をします。

> **発問** 元さんは，なぜ，きまりを破ってまで姉弟を入園させたのか。母親の手紙を読んだ元さんは，どう思うか。

「今日は，弟の誕生日という特別な日だから」「いつも２人で柵から覗いていた２人の姿に同情した」「嬉しかった」「入園させてあげてよかった」

元さんが規則より，姉弟の気持ちに沿った判断をしていることに気付くことが大切です。

> **中心発問** 元さんは，二通の手紙で「この年になって初めて考えさせられることばかり…」と言っているが，『この年になって初めて考えさせられること』とはどんなことか。

自分で考えるための時間をしっかりとります。全員が自分の考えをもった意思表示をするまで教師は待っています。主体的な学びの第一歩は自分の考えをもつことからです。

生徒A 自分がしたことは，園としてはよくないことだけど，人間としてはよいことをしたと思ったと思う。（ア）

生徒B よかれと思ってやったことでも，結果はよいことにも悪いことにもなる。（イ）

生徒C 自分がよいことだと思ってしたことかもしれないけど，ルールを破れば責任は自分でとらなきゃいけない。（ウ）

生徒D どちらが正解なのかわからない…って迷っているんだと思う。（エ）

生徒E 園としてはよくないことだけど，人としてもよくないことをしてしまった。（オ）

教　師 ア〜オの考えが出ました。最初と変わってもいいよ。自分はどの考えに近い？

ここで，自分に問い直し，自分の考えを明確にします。自分の考えの理由を話し合うことで，自分の考えの根拠を探りながら自分の考えを広げていきます。

生徒F　アです。動物園のきまりは破ったけど，人として2人の子供によいことをしたからです。子供の笑顔を見られてよかったから。

生徒G　イです。元さんにとって子供は，思い入れの強いお客さんだけど，園の幹部の人にとったら一般のお客さん。しかも，結局見つかったのは池だったし…。

生徒H　ウで，元さんはクビを覚悟で子供を入園させたと思います。だからクビの手紙がきても晴れ晴れとした気持ちになったんだと思いました。

生徒I　ウで，元さんは自分がとれる責任の範囲でするべきだったと思う。もし，子供が怪我したり死んじゃったりしたら，元さんは責任がとれないから。

生徒J　エですけど，園がきまりを守るのは正しいし，元さんが子供たちの思いを大切にしているのも正しい，だから迷っていると思います。

生徒K　オだけど，園がきまりを守るのは正しいけど，子供に何かあった時のことを考えると，人としてもきまりを守らなきゃいけない。きまりを守るのに感情移入しちゃいけないと思う。

教　師　2人とも生きていたからよかったけど，2人に万が一のことや事故があったらどうだったのかなぁ？　きまりは何のためにあると思いますか？

生徒J　子供の思いを大事に考えていたけど，結局は人の命とか将来を守ることの方が大事。だからきまりは，人の命や将来のためにあるのだと思えてきました。

生徒L　子供に何かあったら嫌な思いをする人がたくさん出る。だから，きまりはみんなが嫌な思いをしないためにあるんだなあと思う。

　この生徒同士の対話で，生徒は自分の考えをさらに広げたり深めたりすることができます。生徒同士が互いに学ぶという対話的な学びの空間になっていきます。生徒は，学級の友達から自分にはない発想の考えを聞くことで，自分の考えを深め，今までの自分よりも成長したことを実感できます。

6　評価について

【法律やきまりは人間味がなく，残酷なものだと思っていましたが，今日の授業できまりは，①人が嫌な思いをしないためとか人の命を守ってくれる大切なものだとわかりました。きまり等は②バカにしないでちゃんと守れるようにしたいです】振り返りシートを基に，下線①で法やきまりの意義を理解し，下線②で秩序と規律ある社会を実現しようとする判断力，心情に生徒自身が気付き始めたと評価できると考えます。

（増田　千晴）

社会参画，公共の精神【C-(12)】

公共の精神を育み，よりよい社会の実現に努めよう

● 「空虚な問答」（『中学校道徳3 あすを生きる』日本文教出版）

	指導方法			学習活動・授業の工夫			
	登場人物への自我関与が中心の学習	問題解決的な学習	道徳的行為に関する体験的な学習	ペア・グループ・全体での話し合い	切り返し等重層的発問を生かした語り合い	体験的な活動・動作化 役割演技	ノート，自作教材，ICT等の活用
道徳的な価値についての自覚や「見方・考え方」を深めることによる，道徳的な問題発見・解決及び成長に向けた深い学び							
多様な価値観に基づく感じ方・考え方や生き方の交流等を生かした対話的な学び			●				
道徳学習の意義を理解し，自己を見つめ振り返る中で成長を実感し，人間としての自己の生き方について考える主体的な学び						●	

1 授業のねらい

> 社会生活の中で互いに迷惑をかけることのないような行動の仕方を考えることを通して，社会に主体的に参画し，公正なルールを守ろうとする態度を養う。

2 授業づくりのポイント

本時は，役割演技を活用して，多面的・多角的な視点から問題場面や取り得る行動について体感させます。前半は，資料の場面を再現し登場人物の心情を考えさせます。そこから，何が問題となっているのかを話し合わせ，全体でこの問題を共有します。問題は，社会的なモラルの問題（本資料では，座席を占領する，注意されても謝らない，他人と関わろうとしない等）であったり，個人の資質や能力の問題（どう行動してよいかわからない，勇気が足りない等）であったりすることが想定されます。後半は，この資料場面を役割演技で解決させ，道徳的価

値を実現するためにはどうしたらよいかを考えさせます。

3 学習指導案

(1) 主題名　社会参画，公共の精神【C-(12)】
(2) 教材名　「空虚な問答」(『中学校道徳３　あすを生きる』日本文教出版)
(3) 展　開

	学習活動	発問と予想される生徒の反応	指導上の留意点
導入	○生活経験「学習旅行」を想起し再現する。	・ペアになって「電車の中で一緒の座席になった人同士」という設定で会話する。	・自由に想起させ会話させる。
展開	○教材を読む。 ○教材の場面「席を立って移動するまで」をロールプレイングで再現する。 ○教材の場面から問題点を考える。 ・書く。 ・話す。 ・報告する。 ○教材の場面「席を立って移動するまで」をロールプレイングで解決する。	・場面を想像しながら読む。 ・「中学生」２人と「中年の男性」のやりとりを再現する。 ・演じた感想，見ていた感想を述べる。 発問　どんなことを感じたか。 ＊がっかりした。むかついた。 ＊注意するのは難しい。勇気がいる。 中心発問　なぜ「恐ろしいほどに冷え冷えとした空虚」に見えたのだろうか。 ・ワークシートに記入後，話し合う。 ＊注意を素直に聞けなかったから。 ＊言い方にも問題があったから。 ＊関わろうとしなかったから。 ・「中学生」２人と「中年の男性」のこの場面を解決する。 発問　どんなことを心がけたか。	・会話文を強調しながら範読する。 ・役割のない生徒は，観客になる。 ・感想を聞き合う。 ・演技の是非ではなく，感じたこと，考えたことを述べさせる。 ・「冷え冷えとした空虚」にたとえられた社会の問題点に気付かせる。 ◎問題が明確になったか。(挙手) ・意図的に指名する。 ・感想を聞き合う。 ◎社会生活の中での振る舞いについて考えが深まったか。(ワークシート)
終末	○本時の授業を振り返る。	・感じたこと，気付いたこと，考えさせられたことを伝え合う。	・ワークシートに感想をまとめる。

4 教材の概要

本教材は，電車の中で座席を占領するというマナーの悪さを，乗客の1人である中年男性に指摘された学生2人が，謝りもせず，反抗もせず，無言のまま席を立ち去るという新聞記事です。本時は，記者が感じた「恐ろしいほどに冷え冷えとした空虚」を体感させ，公共の精神に対する態度を考えさせたいと思います。

5 授業展開例

(1)導入「生活経験を想起する」

価値への方向付けを行うため，学習旅行を想起させ「中学生が電車の中で偶然一緒になった地元の人」という状況下で会話する活動を行いました。2人1組で行う活動では，「どこから来たの」「地元のお土産は何が有名ですか」等，会話が弾む姿が見られました。なお，この時間は，役割演技のウォーミングアップも兼ねて行います。

(2)展開「役割演技で再現してみる・役割演技で問題の解決を図る」

教材を一読した後，各グループ（中学生2人，男性1人，乗客1人）で，この場面で再現の役割演技を行います。中学生に本気で注意する男性，勢いよく立ち去る中学生，注意されてまごつく2人等が見られました。役割演技では，必ず演じた感想，見ていた感想を聞き合います。
・急に何を言われているのかわからず，（責められて）辛かった。（中学生役）
・みんなの見ている前で注意されるのは，恥ずかしかった。（中学生役）
・本当に邪魔だから注意しないとすっきりしない。（男性役）
・大声はいけないと思う。小さな声でも（注意）できると思う。（男性役）

次に，全体でこの場面を解決するには，どうしたらよいか，問題点を洗い出します。役割演技の後，解決してすっきりした生徒，解決には至らずもやもやした生徒，見ていた生徒等，それぞれに気付いたこと，考えたことを話し合わせ，問題点を洗い出しました。
・（だれも）空席には，座りたくても座れない。
・（中学生は）素直に謝れなかったから立ち去った。
・（そもそも）黙っていなくなるのは，（男性の）注意が伝わらなかったのではないか。

この後，解決の役割演技では，1組目で「中学生」役をやった男子生徒が「男性」役に回って行った役割演技で，中学生から「今日は，剣道の大会で疲れて（座席を占領していた等）頭が回りませんでした」「（目を見ながら）すみませんでした」と言う場面が見られました。

【再現の役割演技】
グループ内で，男性（立っている生徒）が中学生（座っている生徒）に声をかける役割演技

【資料場面の問題点を洗い出す】
自分の視点で考えを発言する生徒

【板書】
全体交流を板書する際，中学生の視点を緑のチョーク，男性の視点を白いチョークで書き留めた。

【解決の役割演技】
全体の前で，男性（立っている生徒）が中学生（座っている生徒）に声をかける役割演技

(3)終末「授業の振り返り」

「それぞれの立場を考えると，怒った方も嫌な気持ちになる」「剣道の大会で疲れて周りが見えていなかった。普通だったら鞄を抱えて座っただろうに」という声が聞かれました。

6 評価について

授業後の感想を大別すると学習活動（役割演技）と学習内容（公共の精神）に関する記述が見られました。「注意する時は，どんな正しいことでも言い方を考えたい。公共の場では。特に意識して他人に嫌な気持ちにさせないようにしたい」「私は，心の中で思っていても声に出して言うことができないので，言い方等を考えて行動したい」「役割演技は，役になり切ることでその心情を考え表したり考えたりすることができていい」「役割演技を自分の1日の反省や人の気持ちを考える際に使ったら自分がより成長し，人間関係も豊かになるのでは」役割演技は，微妙な心の差異を言語化できる中学生に有効な学習活動だと実感しています。

（渡邉　真魚）

家族愛，家庭生活の充実【C-⒁】

無私の愛で育ててくれる父母への敬愛の心情を養おう

● 「天使の舞い降りた朝」(『中学生の道徳3　自分をのばす』廣済堂あかつき)

	指導方法			学習活動・授業の工夫			
	登場人物への自我関与が中心の学習	問題解決的な学習	道徳的行為に関する体験的な学習	ペア・グループ・全体での話し合い	切り返し等重層的発問を生かした語り合い	体験的な活動・動作化役割演技	ノート，自作教材，ICT等の活用
道徳的な価値についての自覚や「見方・考え方」を深めることによる，道徳的な問題発見・解決及び成長に向けた深い学び	●						●
多様な価値観に基づく感じ方・考え方や生き方の交流等を生かした対話的な学び							
道徳学習の意義を理解し，自己を見つめ振り返る中で成長を実感し，人間としての自己の生き方について考える主体的な学び					●		

1 授業のねらい

母の無私の愛に気付き，生き方を変えていった主人公の思いを感じ取らせることを通して，父母に対する敬愛の念を抱いて生活を築こうとする心情を育てる。

2 授業づくりのポイント

中学生のこの時期は，自我意識も高まり，父母の言動がうっとうしいと感じることはあっても，それが自分に向けられた深い愛情の裏返しであるということにはなかなか気付きません。余命いくばくもないことを示すように胸の傷跡を見せる母の想いにふれ，生き方を変えていく主人公の心情に迫ることで，親の無私の愛を受け止め，父母への敬愛の念をもって生活を築いていこうという心情を育てたいと思います。また，家族愛をテーマとした授業では，保護者に参加していただき，生徒とともに家族の在り方を考えていくことも効果的な取組です。

3 学習指導案

(1) 主題名　家族愛，家庭生活の充実【C-(14)】
(2) 教材名　「天使の舞い降りた朝」(『中学生の道徳3　自分をのばす』廣済堂あかつき)
(3) 展　開

	学習活動	発問と予想される生徒の反応	指導上の留意点
導入	○家族との生活を想起する。	・家族の存在がありがたいと思う時はどんな時か。逆に反発を感じる時はどんな時か。	・身近な話題から，日頃の家族との関わりを考えさせる。
展開	○条件，情況を知る。 ○教材を読む。 ○傷跡を見せられた主人公の思いを考える。 ○母の思いを考える。 ○母が亡くなった後の主人公の心の叫びを吹き出しに記入する。	**発問** 母に傷跡を見せられた時，主人公はどんなことを思ったのだろう。 ＊そんなのうそだ。 ＊絶対に死んじゃ嫌だ。 ＊なぜ黙っていたんだ。 (補) どんな思いで母は胸の傷跡を見せたのか。 ＊私たちには時間がない。 ＊しっかりと生きてほしい。 **発問** 主人公は，なぜ生き方を変えていったのだろう。 ＊精一杯のありがとうを伝えたい。 **中心発問** 傷跡にふれながら，主人公はどんなことを心の中で叫んでいたのだろう。 ＊いつまでも一緒だよ。 ＊母の命が自分の中に生きている。 ＊母のために歌い続けたい。 (補)「やっちゃんの歌が聴きたい」という母の最期の言葉にはどんな思いが込められているのだろう。	・教師が範読する。 ・母の重い病状を知った時の衝撃に共感させるようにする。 ・母の極限の悲しみと焦りに寄り添う。 ・母の命の残されたわずかな時間を見つめ，生き方を変える主人公を考える。 ・吹き出しに心の叫びを記入し，主人公の心情に迫る。
終末	○振り返りシートに記入する。	・『私たちの道徳』p.180を読む。 ・「家族ってどういう存在なんだろう」ということについて振り返りシートに記入する。	・『私たちの道徳』は読むだけで，あまり説明や教師の考えを挟まない。

4 教材の概要

　読み物教材「天使の舞い降りた朝」は「歌う道徳講師」と称される大野靖之氏のお母さんが亡くなった時の実話を基に，本人へのインタビューから教材化したものです。かけがえのない家族を失ってはじめて気付く「あたりまえのありがたさ」を基に，限りある時間を家族と支え合い，精一杯生きることの大切さに気付かせていきたいと思います。

5 授業展開例

　家族の存在をありがたいと感じる時はどんな時か，また，家族に反発を感じる時はどんな時かを問い，日常的な家族との関わりを想起させ，話題の方向性をつかんでいきます。
　生徒からの発言から，日常生活の中で，実に多様な家族との関わりの場面があることがわかり，生徒相互も関心をもって聞いている様子でした。

　興味がもてたところで条件・情況を知り，教材を読みました。

> **発問**　母に傷跡を見せられた時，主人公はどんなことを思ったのだろう。

　母の重い病状を知った主人公の衝撃に共感させるとともに，母の思いに迫るため，補助発問として，
（補助発問）どんな思いで母は胸の傷跡を見せたのか。
を問うことで，「私たちには時間がない」「しっかりと正直に生きてほしい」という母の極限の深い悲しみと焦りに寄り添い，子供を思う母の無私の愛にも思いをめぐらせました。

> **発問**　主人公は，なぜ生き方を変えていったのだろう。

　「なぜ」と問うことで，生き方を変えた主人公の思いに深く迫るようにしました。これまで気付かなかった親の無私の愛や，生きている間の時間を大切にしようとする主人公の思いを感じ取ることができ，それが自分自身の家族の在り方を探る手立てとなっていきました。
　「病気の自分を顧みず，息子を一番に考えている母親の気持ちに気付いていったから」

> **中心発問**　傷跡にふれながら，主人公はどんなことを心の中で叫んでいたのだろう。

　横たわる母の傷跡にふれながら，どんなことを主人公は思っていたかを吹き出しに記入することで，心に直接訴えることができ，実に多様な意見が出され，深まりを感じました。

(補)「やっちゃんの歌が聴きたい」という母の最期の言葉にはどんな思いが込められているのだろう。

生徒A 「僕はお母さんの分まで一生懸命生きていくよ」と言ったと思います。
教　師 お母さんの分までとは？　もう少し聞かせてください。
生徒A お母さんの命が僕の中でいつまでも生きているということ。産んでくれてありがとうという気持ちがあると思います。
教　師 では，どうしてそのような気持ちがわいてきたのでしょう？
生徒B お母さんの無私の愛，当たり前の幸福に気付いていったから。
教　師 当たり前の幸福とは？
生徒C 自分のことよりも僕を第一に考えてくれる家族がいるということ。
教　師 「やっちゃんの歌が聴きたい」という母の最期の言葉に込められた思いは？
生徒D もっともっとそばにいてやりたかったという母の切なさと悲しみ，そして，愛が伝わってきます。

　生徒自身の言葉をとらえたり，問い返しを通して，さらに深く自己を見つめるようにしました。また，発問では，主人公のみならず，母親の心情にも迫ることで，より家族の絆を考えることができました。生徒たちは，時には涙を流しながら，僕や母の思い，家族の在り方について語り，思いを深めていきました。
　最後の「家族ってどういう存在かな？」という振り返りシートには，「この世の命を受け，偶然同じ家族になった奇跡を大切にしたい。日頃の生活の中で，家族の関係はいつもいい時ばかりではない。しかし，それもまた家族がいるからこそであり，その当たり前の幸福をかみしめて生きていきたい」という感想が多く見られました。
　また，授業では，保護者にも参加していただき，母の心情に寄り添いながら意見を述べてもらい，生徒と意見交流することで，より家族というものについてともに深く考えることができました。

6 評価について

　記入した振り返りシートを基に，家族とは自分の成長を心から願い，無私の愛をもって育ててくれる存在であることを認識し，敬愛の気持ちをもって生活を築いていこうとする道徳的実践意欲を養いたいと思います。日頃，なかなか家族との関わりについて考える機会は少ないですが，僕と母の関わりを1人だけではなく，双方の視点から見つめることで，より深く考えることができます。

（石黒真愁子）

家族愛，家庭生活の充実【C-⑭】

名前に込められた親の愛情に応えていこう

● 『しげちゃん』（室井滋作，長谷川義史絵，金の星社，2011年）

	指導方法			学習活動・授業の工夫			
	登場人物への自我関与が中心の学習	問題解決的な学習	道徳的行為に関する体験的な学習	ペア・グループ・全体での話し合い	切り返し等重層的発問を生かした語り合い	体験的な活動・動作化役割演技	ノート，自作教材，ICT等の活用
道徳的な価値についての自覚や「見方・考え方」を深めることによる，道徳的な問題発見・解決及び成長に向けた深い学び							○
多様な価値観に基づく感じ方・考え方や生き方の交流等を生かした対話的な学び				○			
道徳学習の意義を理解し，自己を見つめ振り返る中で成長を実感し，人間としての自己の生き方について考える主体的な学び	○						

1 授業のねらい

「しげちゃん」の名前に対する葛藤を通して，名前に込められた親の思いに気付き，その愛情に応えていこうとする心情を育てる。

2 授業づくりのポイント

親からいただいた命。こうあってほしいという親の思いを表すことが多い命名。これを意識して生きていくことは，親子の絆を確かめることとともに，それは次の世代への絆になります。名前は個人的なものなので，じっくりと個人で考えさせます。その前のところは教材を使って協働的な学びを取り入れ，考え，議論する道徳を展開します。

3 学習指導案

(1) 主題名　家族愛，家庭生活の充実【C-(14)】
(2) 教材名　『しげちゃん』（室井滋作，長谷川義史絵，金の星社，2011年）
(3) 展　開

	学習活動	発問と予想される生徒の反応	指導上の留意点
導入	○「しげちゃん」が悩む気持ちにふれる。 ○教材『しげちゃん』の概要を知る。	・自分の名前が「しげる」だったらどんな気持ちか想像する。 　＊かわいい名前がよい，今の名前がよい。等 ・しげちゃんは女子に多い名前を希望していたという悩みを知る。	・「主人公は女子に多い名を希望している」と表現する。
展開	○教材前半を読み，しげちゃんの悩みに共感する。 ○よい解決法がないか考える。 ○鉛筆に力を入れ過ぎたしげちゃんの気持ちを考える。 ○教材後半を読み，親の思いを知る。 ○自分の名前への親の思いを知り，応えているかを振り返る。	・『しげちゃん』p.21までを読む。 　＊男女を間違えられた。 　＊隣の男の子が勘違いした。 発問　よい解決方法を考えよう。 ＊A　悪口を言わせないように先生に頼む。 　B　みんなに言わないように伝える。 　C　対決して，許さない気迫を見せる。 　D　強くなる。　E　気にしないようにする。 　F　転校する。　G　名前を変える。 ・全員起立をして順に発表し，自分の意見が全部出たら着席する。 ・『しげちゃん』p.22以降を読む。 中心発問　自分の名前に込められた親の思いを知っているか。 ・保護者に事前に手紙で書いてもらう。 ・その思いに応えられているかを考える。	・教師が絵本を提示し投げかけながら範読する。 ・4人班で発散的に考えさせて発表させる。 ・4人班でSWOTの手法（効果のある順に並べ，やりやすい順に並べる）で考えさせ，苦しい思いに共感させる。 ・教師が絵本を提示しながら範読する。 ・A「応えられている」B「まあまあ…」C「あまり…」D「まったく」で自己評価する。
終末	○現実の資料を与え，法的なシステムを知り，実際には名前を変更しなかったことを知る。	・裁判所への申し出ができることを知る。『正当な事由によつて名を変更しようとする者は，家庭裁判所の許可を得て，その旨を届け出なければならない』 ・「しげる」のモデル室井滋氏の考えを知る。	・戸籍法第百七条の二を与える。 ・あとがきを読む。

Aの視点
Bの視点
Cの視点
Dの視点

主として集団や社会との関わりに関すること

4 教材の概要

もっとかわいい名前に変えてほしいと，名前に不満を感じる「しげる」が，母親からの話により名前に込められた深い愛情に気付くという，「しげる」が自分の名前と向き合っていく姿が描かれている絵本です。「しげる」は，女優の室井滋さんです。

5 授業展開例

主人公の悩みを理解するのに，全体で「どんな解決方法があるか」を班をつくり，発散的に考えさせ，全体で整理して番号を付けます。後半の「静」コントラスト

教　師　しげちゃんは本当に困っていますね。皆さん，先輩としてアドバイスしてあげたいと思いませんか。「こういう方法があるよ」とか，「こう考えたらいいよ」等，どうすればよいか，よい解決方法を考えてください（2分）。それでは4人班をつくります。

発問　よい解決方法を考えよう。

〈ある班での会話〉
生徒A　名前を変えてもらえば？
生徒B　え，そんなことできるの？
生徒C　できるかどうかわからないけど，発表してみようよ。
生徒B　うん，でも後悔しそうだね。
生徒D　何で，何で？
生徒B　親に付けてもらった名前だし，それでいいのかな。

この班からは解決方法の1つとして「G　名前を変える」が提案されました。
各班からの発表で，次の方法が提案されました。
小黒板に書いて黒板に貼り，各班の代表が集まって分類し，基準を説明します。
A　悪口を言わせないように先生に頼む　…他の人にお願いする
B　みんなに言わないように伝える　C　対決して，許さない気迫を見せる　…直接言う
D　強くなる　E　気にしないようにする　…自分の中で受け止め処理する
F　転校する　G　名前を変える　…状況を変える

グループで，図の中にその効果のあるなしの度合いを付箋紙で位置づけさせます。続けて，グループで「やりやすいものは上に上げる，やりにくいものは下に下げる」活動をさせます。

考え議論する中で，やりやすくて効果があるものは難しいことに気付き，心情理解が進むでしょう。

左のＡ３用紙に付箋紙を貼らせ，右のように赤い（上下の）線を加えて付箋紙を動かさせます。

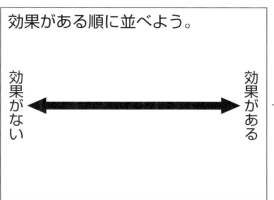 →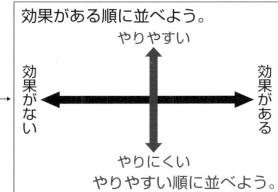

> **中心発問** 自分の名前に込められた親の思いを知っているか。

ここで，あらかじめ保護者全員に書いていただいた，名前に込められた親の思いが綴られた手紙を配り，静かに読ませました。生徒は食い入るように読みます。涙ぐむ様子も見られます。先のＡＬでの活動と対照的な「静」の授業です。しかし思考は「動」なのです。この活動は中学校で１回できるくらいの貴重な学習です。どの場面で行うかを慎重に考えなければなりません。

しばらく時間をおいて，４人班に戻し，互いに紹介させました。お互いの意見を共感的に受け止めることができる学級集団をつくることが，この活動ができるための前提になります。

席をもとに戻しました。そして自分はその思いに答えた生き方ができているかを振り返らせました。Ａ「応えられている」Ｂ「まあまあ…」Ｃ「あまり…」Ｄ「まったく」で自己評価をさせました。Ａが２人，Ｂが19人，Ｃが12人，Ｄは０人でした。この活動を通して，生きていく指針を感じ取っていたようです。

6 評価について

- 授業に取り組む様子や発言，記入したワークシートを基に，「しげる」の悩みに共感しつつ，親の思いを理解できたか。
- 記入したワークシートを基に，自分の名前について，親の思いを感じ取ることができたか。

（桃崎　剛寿）

家族愛，家庭生活の充実【C-⑭】

"厳しさ" と "優しさ" に通底する家族の輝きを見つめよう

- 『叱ってよい時わるい時』（鈴木道太著，明治図書，1964年）
- 「二人の少年の話」（藤本義一著『百円オペラ』集英社，1977年）

	指導方法			学習活動・授業の工夫			
	登場人物への自我関与が中心の学習	問題解決的な学習	道徳的行為に関する体験的な学習	ペア・グループ・全体での話し合い	切り返し等重層的発問を生かした語り合い	体験的な活動・動作化役割演技	ノート，自作教材，ICT等の活用
道徳的な価値についての自覚や「見方・考え方」を深めることによる，道徳的な問題発見・解決及び成長に向けた深い学び							
多様な価値観に基づく感じ方・考え方や生き方の交流等を生かした対話的な学び					●		
道徳学習の意義を理解し，自己を見つめ振り返る中で成長を実感し，人間としての自己の生き方について考える主体的な学び	●			●			

1 授業のねらい

　２教材の共通項を探求することを通して，真実の家族愛の核心にある相手への切実な「希いや祈り」と「世界の共有（communis）」の大切さに気付き，その愛の重要な要素を家族間で連鎖・循環させて本当の倖せをつかみ取ろうとする道徳的心情を養う。

2 授業づくりのポイント

　本授業構想は，異なる姿を描写した２教材を比較対照するという概念理解の基本にも立脚しつつ，家族愛の２面性，すなわち "厳しさ" と "優しさ" に通底する家族の輝きを感得しようとするものです。『叱ってよい時わるい時』では父性的な「両罰の思想」が，『百円オペラ』「二人の少年の話」では母性的な「慈愛」が浮き彫りにされており，私たちは胸を熱くします。

この両者が相まって多様な愛の形態の背景にある実質に肉薄することを可能にし，よりよい家庭を築いていくための橋頭堡(きょうとうほ)を洞察させ得る教材へ昇華することを期待するのです。

3 学習指導案

(1) 主題名　家族愛，家庭生活の充実【C-(14)】
(2) 教材名　① 『叱ってよい時わるい時』（鈴木道太著，明治図書，1964年）
　　　　　　② 「二人の少年の話」（藤本義一著『百円オペラ』集英社，1977年）
(3) 展　開

	学習活動	発問と予想される生徒の反応	指導上の留意点
導入	○家庭における「倖せ」について，想起する。	・将来，だれしも「倖せな家庭」を築きたいと思うはずであるが，あなたの考える「倖せ」の中身は何か。 ＊弾む会話，おいしい弁当，看病，手伝い…。	・巣立ちゆく生徒に，「幸多かれ」とのエールを贈る想いで行うことを伝える。
展開	○教材①を読む。 ○厳しさの裏側にある家族愛の一側面について交流する。 ○教材②を読む。 ○慈愛に満ちた優しさを通して，家族愛の一断面について交流する。 ○2教材に多様な共通項を見出す。	・『叱ってよい時わるい時』を範読する。 **発問** ①息子と父親の涙には何が詰まっているか。 ②敏雄が"投げておいても手をふれない"子になったのは，父親の姿に何を感じたからか。 ＊①反省や後悔，感動と気づかい。 ＊②父の愛情や願い，絆，温かくも厳格な姿勢。 ・「二人の少年の話」を範読する。 **発問** ③母親が少年の横に並んで座ったのは，どのような思いからか。 ④「おかあちゃんが偉いんや」と言ったのは，母親の姿に何を感じたからか。 ＊③時間・場所・想いの共有，思い出づくり。 ＊④感謝，愛情，気づかい，気高さ，美しさ。 **中心発問** ⑤2つの話で，父と母との共通点を探そう。 ＊願いや想いの共有，目指す方向の一致。 ＊愛情を注いで包み込む，1人にしない。	・息子の涙と父親の涙に詰まっているものを別々に聞いてから，共通点を確認してもよい。 ←詳細は板書写真を参照 ・ペアワークで相互の意見を交わし合うのもよい。 ・発言の際は，前の人の発言内容に関連付けて話すよう意識させる。 ←詳細は板書写真を参照 ・無償の愛にあふれた空間や想いを共有する大切さを浮き彫りにする。
終末	○「秘かなる決意」をもつ。	・改めて，あなたの考える「倖せな家庭」の中身について考えよう。また，それにはどんな努力が必要か。	・「愛とは共に同じ方向を見ること」（サン＝テグジュペリ『人間の大地』）を紹介し，150字の感想を書かせる。

※紙幅の都合上，発問①②及び③④を1つの枠内に収めたが，生徒への問いかけは別々に行った。
※取り上げた教材は絶版だが，図書館や古書店で手に入れることができる。

4 教材の概要

【叱ってよい時わるい時】仏壇の小銭で買い食いした息子に，粉雪の中，父は冷水を5杯かけて叱ります。そして「お前が悪いのは，お父さんにも責任がある」と言い，父もまた水を5杯かぶります。それを見てだらだら涙を流す息子を抱きしめ，男泣きをするのでした。

【二人の少年の話】母が少年の後ろで針仕事をしていると，空が夕焼けに染まってきました。「おかあちゃん，夕焼けや。きれいやわ」と言うと，母は賃仕事の手を休め，少年の横に並んで座ってくれました。二人の時間は，夕陽が海の彼方に沈むまでの30分もありました。

5 授業展開例

まず，発問①「涙に詰まったもの」を問うたところ，父の涙として，「息子が自分を想っている・慮っている（41%）」「息子の深く反省する姿に感動（16%）」等のあまねく通ずる多数意見と，「息子の反省と成長に対する嬉しさと安心の涙」「2人で厳しい試練を乗り越えた親子の絆に感動」との鋭角的な少数意見がありました。

一方，息子の涙としては，「自分の罪の重大さ・愚かさを後悔（32%）」「決してしないとの反省・誓い（27%）」等の多数意見があり，父子の固い絆への言及も一定数認められました。特に，「父が冷水を浴びたこと」に着眼した感想は豊富で，そのとらえ方は，心の「辛さ・疼き・後悔」，父への「嬉し涙・感慨・感謝」，父の真剣さに「感動」の3つに類別され，いずれにも自分を大事に思う父の愛情を実感している点に共通項が見出せます。少数意見としては，「父を裏切らないという決意の涙」が深く印象に残りました。

発問②「父の姿に感じたこと」を問いましたが，「父の愛情（38%）」「自分を愛する父を裏切ってはならない（32%）」「父の願い・想いの強さ（30%）」といった家族愛の基盤としての信頼にふれた意見が，金銭に限局した「お金を盗む罪の大きさ・お金の大切さ（16%）」という感想を圧倒しました。なお，発問①②を通じて，一昔前には考えられなかった「父の行為はやり過ぎ」との考えに立脚した少数意見もあり，現代の社会背景に対する一定の配慮も今後，要請されてくるだろうと思われます。

第二に，発問③「並んで座った母の想い」についてですが，多数意見は「いつも1人にさせているので少しでも側にいたい（30%）」「ごめんと謝る気持ち（24%）」等ですが，「共有したい（39%）」にも意見が集中し，その対象は「美しい風景」「同じ時間」「同じ感動や心」に大別されました。

発問④「母の姿に感じたこと」では，母の内面からにじみ出たものとして「優しさ」「愛情」「気高さ」「心の美しさ」「責任感」が，また，息子から母に向けてのベクトルとしては「感謝」「感動」「安心感」「尊敬」「憧れ」「幸福感」「充実感」があげられます。学級全体として，母の慈しみ深い静かな愛情をしみじみと味わうことができたと言えるでしょう。

| 中心発問　2つの話で，父と母との共通点を探そう。 |

　本授業では，ここで短時間でしたが，自分の考えを持った上でペアワークを行いました。全体の傾向としては，「親が子供を大切に思う無条件の深い愛情（32%）」に対し，少数ながら「親が子を大切に思うだけでなく，子も親を大切に思う」という意見がありました。また，「同じ行動の中で同じ感情を共有する（19%）」「言葉より態度や行動で想いを示す（16%）」「自己犠牲を伴う愛情（11%）」等，息子の将来の倖せを希いつつ，いつまでも心に残る愛情の伝え方を体現している点に胸打たれたという感想も多数見られました。

ペア A-a　自己犠牲で何かをしようとしている点です。
教　　師　ほう，自己犠牲…（板書）。具体的には，どのような犠牲を払っている？
ペア A-b　父の方は自分も水をかぶったし，母の方は睡眠時間を削って付き合ってくれた。
教　　師　なるほど。こんな自己犠牲は，簡単にできることではないですね。
ペア B-a　相互を思いやる深い親子の愛情があるからできたことだと思います。
教　　師　うん，うん。具体的には，親子の愛情の中身って，どんなものだった？
ペア B-b　子供を大事に考え，大切にしたいという強い意志のようなものだったと思います。

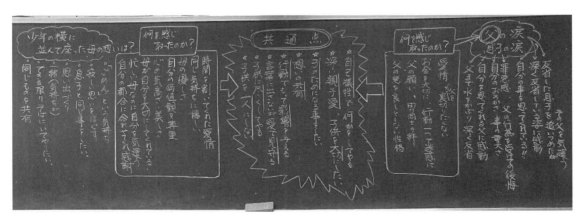

6　評価について

　終末で書いた150字程度の感想，及び，板書写真に基づく授業中の発言に着目して，ねらいである「希いや想い・世界の共有・相互の思いやり・優しさの連鎖や循環」に肉薄した生徒を数名ピックアップして記録しました。

（荊木　聡）

よりよい学校生活，集団生活の充実【C-⒂】

人のために生きることのすばらしさ・難しさを考えよう

● 「カーテンの向こう」（『明るい人生　1年』愛知県教育振興会）

	指導方法			学習活動・授業の工夫			
	登場人物への自我関与が中心の学習	問題解決的な学習	道徳的行為に関する体験的な学習	ペア・グループ・全体での話し合い	切り返し等重層的発問を生かした語り合い	体験的な活動・動作化 役割演技	ノート，自作教材，ICT等の活用
道徳的な価値についての自覚や「見方・考え方」を深めることによる，道徳的な問題発見・解決及び成長に向けた深い学び	●						
多様な価値観に基づく感じ方・考え方や生き方の交流等を生かした対話的な学び				●		●	
道徳学習の意義を理解し，自己を見つめ振り返る中で成長を実感し，人間としての自己の生き方について考える主体的な学び				●			

1 授業のねらい

　みんなに妬まれながら死んだヤコブへの感情のゆれ動きと真実を知った主人公のとるべき行動を考えさせることを通して，人のために生きることのすばらしさと難しさを感じさせる。

2 授業づくりのポイント

　主人公やヤコブの気持ちを体感（体験）させるために，インタビューやペアトークから始め，最終的にロールプレイング・サイコドラマにつなげました（サイコドラマとは，ロールプレイングの原型であり，より即興的なものです）。
　また，全員で考えを進めるために，再現構成法で展開しました。

3 学習指導案

(1) 主題名　よりよい学校生活，集団生活の充実【C-⑮】
(2) 教材名　「カーテンの向こう」（『明るい人生　1年』愛知県教育振興会）
(3) 展　開

	学習活動	発問と予想される生徒の反応	指導上の留意点
導入	○ウォーミングアップのゲームを隣同士で行い，リラックスする。	＊盛り上がって取り組む。 ＊楽しい。 ＊今日はこのペアの人と心について考えるんだな。	・内容に関係ない楽しい雰囲気をつくるエクササイズを行う。
展開	○イスラエルはどんな国か考える。 ○場面絵を見て情景を想像する。 ○どの席がいいか考える。 ○ヤコブに対する「私」の気持ちを体験する。 ○ニコルの幽霊になってヤコブに恨み言を言う。 ○「私」役になり，カーテンの向こうをのぞく。 ○真実を知った「私」はどう行動するか考える。	＊戦争が多い。　＊あまり豊かな国ではない。 ＊暗い。　＊不潔。　＊寂しい。 ＊楽しみがない。　＊窓側の席。 **発問**　「私」はどんな気持ちだったか隣同士でインタビューし合おう。 ＊うらやましい。　＊憎らしい。　＊死ねばいい。 **発問**　ニコルはどんな思いで死んでいったのだろうか。ニコルの霊になってヤコブに恨み言を言ってみよう。 ＊ひどい人だ。　＊優しい心はないのか。 ＊絶句。　＊ショックを受ける。 ＊後悔。　＊感謝。　＊決心。 **中心発問**　この後，「私」はどんな行動をとると思うか。「私」役と「患者」役をやりたい人に出てきてもらって演技してもらおう。 ＊自分もみんなに憎まれても作り話をする。 ＊ヤコブはこうやってみんなに希望と夢を与えていたんだな。 ＊ヤコブを憎んで悪かった。 ＊今度はその役を自分がしよう。	・生徒に資料は渡さず，補助教材（絵やフラッシュカード）を使いながら，教師の語りで再現構成していく。 ・ペアインタビューはロールプレイの導入になる。 ・ロールプレイは全体でのサイコドラマへのウォーミングアップとなる。 ・レンガの壁を隠したカーテンの小道具をつくっておく。 ・希望者にのぞかせることによりサイコドラマが自然と開始する。 ・役に立候補がなかった場合は，推薦する生徒をあらかじめ決めておき指名する。 ・教師が一役をとってもよい。
終末	○振り返りシートに記入する。	・真剣に振り返りシートを記入する。	・静かに書ける環境を配慮する。

Aの視点　Bの視点　**Cの視点**　Dの視点

主として集団や社会との関わりに関すること

4 教材の概要

　この教材は，イスラエルの薄暗い重症患者のベッドが並ぶ病院の一室という舞台設定です。看護士たちもあまりやって来ない，医師の回診もめったにない，見舞いの客は今まで1人もやって来ない，ただ死を待つだけの何の変化もない極限状態です。唯一の楽しみは，窓際のベッドのヤコブがカーテンの向こうをのぞき，外の風景を話してくれることだけです。だれもがその場所に行きたがりましたが，一番の古株のヤコブがその場所を頑として譲りません。そのうち病室には不穏な空気が流れ出し…。

5 授業展開例

　情景絵を見せ，不潔で暗い病院の場面を想像させます。そんな中で楽しみなことを考えさせます。お見舞い，看護師さんとの会話等が出ますが，それらが期待できない極限状態であることを感じさせます。唯一の楽しみと言ったら，窓の外を見ること。そこからストーリーを展開させます。

　そんな中，同室のニコルが臨終の時を迎えます。それでも頑としてベッドの場所を譲らないヤコブに，不信感と嫌悪感を覚える「私」たち。ロールプレイで体験します。

> **発問**　ニコルはどんな思いで死んでいったのだろうか。ニコルの霊になってヤコブに恨み言を言ってみよう。

　ペアで役割演技をします。全員を起立させ，終了したペアから着席します。

ニコル役　最後のお願いだったのに，どうして代わってくれなかったんだ。
ヤコブ役　ここは一番古株の俺だけの特権だ。だれにも譲るもんか。
ニコル役　もうすぐ俺は死ぬんだよ。1回くらいいいじゃないか。
ヤコブ役　だめだ。ここで俺は1人で楽しむんだ。
ニコル役　ヤコブさんひどいよ。

> **中心発問**　この後，「私」はどんな行動をとると思うか。「私」役と「患者」役をやりたい人に出てきてもらって演技してもらおう。

　ペアインタビュー，ロールプレイ，カーテンをのぞくという動作化を経ているので，「私」役「患者」役の立候補は出やすい状況になっています。すぐに「私」役1人「患者」役2人が

出てきました。

患者A　ねえ，○○さん（○○は「私」役の生徒の名前），窓の外はどんな景色？
患者B　ヤコブさんが言ったように，今日はいい天気かい？
「私」　う…うん，すごくいい天気だよ。
患者A　いつもの花売り娘は来ているかい？
「私」　うん，今日も来ているよ。きれいな花を売っているよ。
患者B　何色の花かな？
「私」　今日は赤と黄色の花だよ。あれはバラかな。
患者AB　○○さんありがとう！
教　師　ねえねえ患者さん。ここで○○さんの悪口言ってみて。
患者A　○○ばっかりズルい。
患者B　○○場所替われよ！
教　師　○○が死ねばいいのに。
患者AB　そうだ，○○早く死ね！

　ここで患者役の生徒を席に戻して教師が「私」役の生徒にインタビューします。

教　師　場所替われって言われていたけど，替わってあげませんか？
「私」　ううん，替わりません。
教　師　だって「死ねばいい」って言われてたよ。恨まれていたよ。
「私」　それでも絶対替わらない。
教　師　憎まれるのに，どうして？
「私」　だって，それそれ（と言って「期待と夢」というフラッシュカードを指さす）。みんなから奪っちゃいけないから。
教　師　苦しくない？
「私」　今までヤコブさんがやってくれたんだから，今度は僕がやります。

　ここで大喝采が起き，ドラマを終了しました。

6　評価について

・授業中の発言内容，表情，その他を注意深く観察する。
・ロールプレイやサイコドラマでの発言から，登場人物の気持ちを理解できているか評価する。
・振り返りシートの記述から，人のために生きることやよりよい生き方について深く考えたかを読み取る。

(堀川　真理)

郷土の伝統と文化の尊重，郷土を愛する態度【C-(16)】

郷土のために自分ができることを考えよう

● 「昭和九年の大水害」（『ふるさとがはぐくむ　道徳いしかわ』石川県教育委員会）

	指導方法			学習活動・授業の工夫			
	登場人物への自我関与が中心の学習	問題解決的な学習	道徳的行為に関する体験的な学習	ペア・グループ・全体での話し合い	切り返し等重層的発問を生かした語り合い	体験的な活動・動作化役割演技	ノート，自作教材，ICT等の活用
道徳的な価値についての自覚や「見方・考え方」を深めることによる，道徳的な問題発見・解決及び成長に向けた深い学び		○					
多様な価値観に基づく感じ方・考え方や生き方の交流等を生かした対話的な学び				○			
道徳学習の意義を理解し，自己を見つめ振り返る中で成長を実感し，人間としての自己の生き方について考える主体的な学び							○

1 授業のねらい

　外治が全身全霊で治水活動を続けた理由を友達の意見を参考にしながら考えることを通して，郷土をつくりあげてきた先人に尊敬と感謝の念を深め，郷土を愛し，郷土の発展に努めようとする心情を育てる。

2 授業づくりのポイント

　手取川とともに生きる人々の暮らしの背景には，郷土のために治水事業にあたった先人（浅井外治）の思いが息づいています。この事実を通して，先人への尊敬と感謝の念をもたせるとともに，地域社会における自己の立場に気付かせ，郷土を愛し，郷土の発展に尽くそうとする気持ちをもたせていきます。

3 学習指導案

(1) 主題名　郷土の伝統と文化の尊重，郷土を愛する態度【C-⒃】
(2) 教材名　「昭和九年の大水害」（『ふるさとがはぐくむ　道徳いしかわ』石川県教育委員会）
(3) 展　開

	学習活動	発問と予想される生徒の反応	指導上の留意点
導入	○「昭和九年」という和菓子や大水害の映像を見て，状況を把握する。	・昭和九年に何があったのか。 　＊手取川の大水害があった。 　＊たくさんの人が亡くなり，家も流された。 ・このような状況の中で，地域を助けようと奔走した人がいるのを知っているか。	・映像資料と地図を使って簡潔に説明する。
展開	○教材を読む。 ○外治に対する印象を聞く。 ○教材の内容を確認する。 ○外治の思いについて考え，意見交流をする。	・『ふるさとがはぐくむ　道徳いしかわ』p.58〜61を読む。 発問　教材を読んで，外治についてどう思ったか。 　＊勇気のある人だと思った。 　＊だれよりも地域を大事にする人だと思った。 発問　目の前に広がる光景を外治はどのような思いで見ていたのだろうか。 　＊身を切られるような思い。 　＊地獄を見ているような思い。 ・自らの会社を長男に任せ，外治は手取川改修工事に全身全霊で臨む。 中心発問　外治は，どうしてそこまでできたのか。 　＊子孫に同じ苦しい思いをさせたくなかったから。 　＊自分がやらなければいけないという思い。 　＊地域を人一倍大事に考えていたから。等	・教師が範読する。 ・私財を投げ打ってまで郷土のために尽くした外治の思いがわかる。 ・外治の気持ちを押さえる。 ・生徒らが自分自身のことと照らし合わせながら，外治の行いの姿を実感できるように考えさせ，次の自分への振り返りへとつなげる。
終末	○振り返りシートに記入する。	・自分が地域の一員として何ができるかを考えながら，振り返りシートに記入する。	・地域の一員として，郷土のためにできることを考える。

4 教材の概要

　昭和9年，手取川で大水害が発生し，その周辺に大きな被害がもたらされました。水害直後，遅々として進まない国の治水事業に対し，1人でも多くの人を救おうと全身全霊で改修実現を働きかけた浅井外治と，外治の想いを感じて協力した地域住民たち。その努力の結果，治水事業は再開しました。外治は亡くなる直前まで手取川の環境整備に尽力しました。

5 授業展開例

　地域の和菓子屋さんで販売している「昭和九年」という和菓子を見せ，昭和九年に何があったのかを問い，『ふるさとがはぐくむ　道徳いしかわ』に付属している映像資料を活用し，昭和9年に起きた手取川の大水害の状況を把握させます。

　生徒からは，「昭和九年」という和菓子を知っていることや，食べたことがあるとの声があがったので，この和菓子は昭和9年に起きた手取川の大洪水を忘れてはいけないという思いで「昭和九年」と付けられたと話をしました。また，映像資料を通して，今自分たちが暮らしている地域がこんなにひどい状況だったとは知らなかった…との声もあがりました。

　そこで，この状況から地域を救おうと奔走した人物がいたことを伝え，教材を読みました。教材を読んだ後，外治についての印象を生徒らに聞きました。

> **発問**　教材を読んで，外治についてどう思ったか。

　「勇気のある人だ」「私財を投げ打ってまで郷土のために尽くすのがすごいし，自分にはできない」「この人がいたから，今の私たちの生活がある」…といった意見が出ました。

　次に，外治の気持ちを押さえました。

> **発問**　目の前に広がる光景を外治はどのような思いで見ていたのだろうか。

　ペアで話し合わせたところ，「地獄を見ているようで現実と思えない」「身を切られるような思い」「大切なふるさとが流されていく…」といった意見が出ました。

　そして，外治は自らの会社を長男に任せ，手取川改修工事の活動に身銭を切ってまでも奔走し，全身全霊で臨む覚悟であったことを確認しました。

> **中心発問**　外治は，どうしてそこまでできたのか。

　ここでは，個人で考え，班で意見を出し合った後，クラス全体で話し合いました。

生徒A　住民が苦しんでいたから。
教　師　そうだね。住民の苦しむ様子を見て，外治さんはどう思ったのかな？
生徒A　自分がやらなければならないと思った。
生徒全　そうそう。
教　師　外治さんは自分の生活を投げ打ってまで活動したけれど，それは，やらなければいけない立場だったからそうしたのかな？
生徒B　それとはちょっと違うと思う。
教　師　どこが違うの？
生徒C　ここで自分が動かないと，何も変わらないという強い思いがあったから，外治さんは改修工事に命をかけたんだ…
生徒D　自分が愛するふるさとだし，愛する人たちが暮らすふるさとだから…だから早く住民の幸せな生活を取り戻したかったんだよ。
生徒E　もう二度と同じような思いを住民にしてほしくないという気持ちもあったと思うよ。

> （自分の考え）
> 子孫，次の世代の人たちに同じような思いをしてほしくなかったから。
> 住民が苦しんでいたし，ふるさとを守りたかったから。
> 早く住民の幸せな生活をとり戻したかったから。
>
> （友達の考え）
> ・自分がやらないと誰もやらないし，やらないとまた同じような苦労をするのが嫌だと思ったから。
> ・ここで自分がやらないと（動かないと）何も変わらないと思ったから。
> ・自分が愛するふるさとだから愛する人々が暮らすふるさとだから。
> 　これまで，私という人間を作ってきた，愛するふるさとを愛する人々のために。

　生徒たちは，自分自身のことと照らし合わせながら，外治の行いを実感していました。そして郷土をつくりあげてきた先人への尊敬と感謝の念を深めていきました（ワークシート参照）。
　最後に，外治の思いを受けて自分を振り返り，地域の一員として何ができるかを考え，またこの話から何を学んだのかを振り返りシートに記入しました。生徒たちからは，「外治のように自ら行動できるようにしたい」「何かあったら助け合いたいと思った」「地域のために力になりたいと思った」との意見が出ました。

6　評価について

　郷土をつくりあげてきた先人に尊敬と感謝の念を深め，郷土を愛し，郷土の発展に努めようとする心情について，記入した振り返りシートを基に，その記述内容から評価します。

（大路　葉子）

郷土の伝統と文化の尊重，郷土を愛する態度【C-⑯】

生まれ育った自分の地域を，見つめ直してみよう

●自作教材「白い石の思い出」

	指導方法			学習活動・授業の工夫			
	登場人物への自我関与が中心の学習	問題解決的な学習	道徳的行為に関する体験的な学習	ペア・グループ・全体での話し合い	切り返し等重層的発問を生かした語り合い	体験的な活動・動作化役割演技	ノート，自作教材，ICT等の活用
道徳的な価値についての自覚や「見方・考え方」を深めることによる，道徳的な問題発見・解決及び成長に向けた深い学び	●						
多様な価値観に基づく感じ方・考え方や生き方の交流等を生かした対話的な学び					●		
道徳学習の意義を理解し，自己を見つめ振り返る中で成長を実感し，人間としての自己の生き方について考える主体的な学び							●

1 授業のねらい

　主人公が神社の白い石のことを思い出し，自分自身も郷土の一員だと気付いたことを通して郷土に対する認識を深め，地域の一員として郷土を愛し，発展に努めようとする道徳的な心情を培う。

2 授業づくりのポイント

　本教材は，地域の方々が実際にあった地域の逸話を紙芝居にして，地域のことを知ってもらおうという取り組みを素材として，地域への思いを深めていけるように読み物資料にしたものを活用した授業です。この内容項目は，生徒たちにとって身近に感じることができる内容を教材とした方が指導しやすく思います。そのため，生徒たちの生活している地域を題材にした教材を自作する方が，生徒たちにとっては，考えを深めやすいのではないでしょうか。

※本自作教材は明治図書HPからダウンロードできます。詳細は本書p.6をご覧ください。

3 学習指導案

(1) 主題名　郷土の伝統と文化の尊重，郷土を愛する態度【C-⑯】
(2) 教材名　自作教材「白い石の思い出」
(3) 展　開

	学習活動	発問と予想される生徒の反応	指導上の留意点
導入	○本日のテーマを提示する。	・本日のテーマは「つながり」。 ・つながると言えばどんなことが思い浮かぶか。 　＊友達，携帯電話…。	・導入であるので雰囲気づくりを重視してあまり長い時間はとらない。
展開	○教材を読む。	・「白い石の思い出」を読む。	・教師が範読する。
	○紙芝居を最初に読んだ時の主人公の気持ちを考える。	発問　主人公が紙芝居を最初に読んだ時の感想はどうだったか。 　＊知らなかった。 　＊びっくりした。	・この段階では，本来の目的をあまり理解していないことを押さえる。
	○昔のことを思い出した主人公の気持ちを考える。	発問　紙芝居を聞いて，昔のことを思い出した主人公はどんな気持ちだったか。 　＊知っている話だ。 　＊懐かしい。 　＊自分と関係のある話かもしれない。	・主人公は，この「読み聞かせ」がはじめて自分に関わることであることに気付いたことを押さえる。
	○温かい気持ちになった理由を深く考える。	中心発問　主人公が温かい気持ちになったのは何に気付いたからか。 　＊地域の歴史ってすごいと気付いたから。 　＊「読み聞かせ」を通じて地域の人たちとつながることができたから。 　＊地域のことをもっとだれかに伝えたいという気持ちになれたから。 　＊改めて，自分の住んでいる地域のことが好きになれたから。	・地域とのつながりを感じ取り，自分も地域のことを伝える主体者となれたことの感動を感じ取らせたい。
終末	○振り返りシートに記入する。	・主人公の心の中に一杯詰まった思いを考えながら振り返りシートに記入する。	・主体的に地域と関わることのすばらしさを感じ取らせたい。

4 教材の概要

　中学校では，図書委員が中心となって，地域の小学校へ紙芝居の「読み聞かせ」をしに訪問する行事があります。今回は，地域の方々が地元の逸話を地域の人たちに知ってほしいということで，オリジナルの紙芝居をすることになりました。主人公は図書委員，小学生以外に「読み聞かせ」をするのは緊張しましたが，いざ，聞く立場になって「ご神体を守った村人」というお話を聞いてみると，幼いころに父と行ったことのある神社に関わるお話だと気付きました。気付いてみると，１つのお話で，地域の人々との心の距離がぐんと近くなり，温かい気持ちになりました。

5 授業展開例

　テーマを「つながり」にしました。もちろんねらいは，地域や地域の人々とのつながりに関わる内容ですが，ここでは，授業のしやすい雰囲気ができれば十分です。

> **発問**　主人公が紙芝居を最初に読んだ時の感想はどうだったか。

　昔話というのは，生徒たちにとっては，「歴史」のようなものととらえがちです。この主人公も，与えられたお話を無事に「読み聞かせる」ことに関心があり，内容までは考えていない段階です。よって，主人公もそんなに地域について深い関心をもっていたわけではなかったということが生徒たちと共有できたならよいと思います。

> **発問**　紙芝居を聞いて，昔のことを思い出した主人公はどんな気持ちだったか。

　ここから，自分の中の歴史，そして，紙芝居で登場する「白い石」の歴史，それにまつわる地域の歴史と，別々に存在していたものが１つにつながり始めてきます。教材としては主人公の道徳的な心情が急にガラッと変わるものではありません。じんわりと染み込むように主人公の心情が豊かになるように，生徒たちと温かい雰囲気をつくっていきます。

> **中心発問**　主人公が温かい気持ちになったのは何に気付いたからか。

　少し難しい発問だと思います。少しずつ温めるように問い返していきます。

教　師　温かい気持ちって考えてごらん。Aさんどうですか？
生徒A　温かい…人の優しさにふれた時とか。

教　師	人の優しさ。いいね。この主人公はどんな優しさにふれたのかな？　Bさん。
生徒B	みんな関係あるってことじゃないかな。
教　師	どんなふうに関係あるのかな？
生徒B	歴史の中の人も，今の人も1つの話題でつながっているということかなぁ。
教　師	なるほど，つながっているのですね。
生徒C	そう言えば，主人公も，今回のことで，いろんな人とつながったと思う。
教　師	どんな人とつながったと思いますか？
生徒C	地域の年配の人とか，幼い子供とか，もしかしたら歴史上の人物も関係するかも。
教　師	すごいつながりがでてきたね。さぁ，そんなことを考えたら，どんな気持ちになるかな？
生徒D	自分の地域のつながりもいいなと思います。
生徒E	もしかしたら，私もつながりの1人かもしれない。

　最初から地域との関わりを深く考えていくことは，生徒たちにとって難しいです。そこで，「心にじんじん」とか「温かい気持ち」等の言葉を使って，感情をゆさぶります。そうすると，自分たちと歴史的なつながり，地域とのつながり，人としてのつながりと多面的に広がっていきます。そして，地域の一員として歴史を伝える側に立てた喜び，そして，伝えていかなければいけない責任等，多角的に考えを深めることもできるようになります。

6　評価について

　本授業の展開では，「地域の一員としての自覚」をゆさぶり，高めるところにねらいがあります。今日，地域によっては，人と人とのつながりが希薄になっているところも，少なくないでしょう。しかし，その一方で，地域を守ろうとしている人たちが存在していることも確かです。

　この授業を通して，個人と地域社会との関係性について，どの面からでも，また，どの角度からでもいいから，つながりがあることに気付いてほしいと思います。そして，自分は，地域の一員としてどう生きるかということを前向きに考えてくれたなら，本時のねらいは達成されたと考えてよいのではないでしょうか。

（藤井　裕喜）

自然愛護【D-⑳】

自然の大切さを感じよう

●自作教材「縄文杉に会いたくて」(『キラリ☆道徳』正進社　平成29年度より掲載予定)

	指導方法			学習活動・授業の工夫			
	登場人物への自我関与が中心の学習	問題解決的な学習	道徳的行為に関する体験的な学習	ペア・グループ・全体での話し合い	切り返し等重層的発問を生かした語り合い	体験的な活動・動作化 役割演技	ノート、自作教材、ICT等の活用
道徳的な価値についての自覚や「見方・考え方」を深めることによる，道徳的な問題発見・解決及び成長に向けた深い学び		●			●		
多様な価値観に基づく感じ方・考え方や生き方の交流等を生かした対話的な学び				●			●
道徳学習の意義を理解し，自己を見つめ振り返る中で成長を実感し，人間としての自己の生き方について考える主体的な学び	●						

1 授業のねらい

主人公茉莉子(まりこ)の自然との対話を通して，自然を愛護しようとする心情を育てる。

2 授業づくりのポイント

　平成5年12月に世界自然遺産に登録された屋久島の縄文杉と呼ばれる屋久杉を取り上げた教材です。縄文杉を見に行った女性の体験を基に，創作を加えて教材化しました。自然のすばらしさを感じさせ，それを大切にする心を育てるために作成しました。

　指導内容では，ネイチャーゲーム的な活動を取り入れる工夫を取り入れました。木のポーズをとることで，木の気持ちを感じられるようにしました。アクティブ・ラーニングを取り入れ，教材を読んで自分たちで問題設定をし，問題解決を図るように，授業を組み立てました。話し合い活動では討議させ，多角的な意見が出るようにしました。

3 学習指導案

(1) 主題名　自然愛護【D-⑳】
(2) 教材名　自作教材「縄文杉に会いたくて」(『キラリ☆道徳』正進社　平成29年度より掲載予定)
(3) 展　開

	学習活動	発問と予想される生徒の反応	指導上の留意点
事前指導	○学習テーマを知る。 ○板書を見る。「自然」 ○資料（教材）を読む。 ○感想を書く。 ○話し合いたいことを考える。	発問　資料を読んだ感想を書きなさい。 発問　資料を読んで話し合いたいことを書きなさい。	・大きく板書する。 ・教師が音読する。 ・ワークシートに書かせる。 ・ワークシートに書かせる。
事前準備		・集めたワークシートから，話し合いたいことを分類する。 ・その中から，中心発問（資料に関わる発問）と主題に迫る発問を構成する。	・教師が授業前に行う。
導入	○「木」になったつもりで目をつぶりポーズをとる。 ○学習テーマを知る。 ○板書を見る。「自然」	・ネイチャーゲームをさせる。	・木になった気持ちにさせる。木としての眺望を想起させる。 ・大きく板書する。（5分）
展開	○資料を読む。 ○自分の考えをまとめる。 ・隣同士で意見交換する。 ・挙手で発表する。 ○自分の考えをまとめる。 ・班（6人）で意見交換する。 ・その後，班内で討議する。出た意見をまとめ，各班のホワイトボードに記入する。 ・各班の意見を知る。	中心発問　みんなが縄文杉に「会いに行く」と言うのはなぜか。 ＊すごいものだからです。 ＊会いたい気持ちが強いからです。 ＊すばらしいものだからです。 主題に迫る発問　「自然を大切にする」とはどういうことか。 ＊自然破壊をやめることです。 ＊緑化を図ることです。 ＊共存することです。	・教師が音読する。（3分） ・ワークシートに記入させる。 ・BGMを流す。（15分） ・ワークシートに記入させる。 ・BGMを流す。 ・ホワイトボードを読み，各班の意見を紹介する。（25分）
終末	○屋久島の写真を見る。		・写真を掲示する。 ・BGMを流す。 ・余韻をもって終える。（2分）

4 教材の概要

　幼稚園教諭の茉莉子は，たまったストレスを晴らすため，人から聞いていた屋久島に行きます。世界遺産に登録された屋久島では，多くの人がそこにある縄文杉に会いに行きます。茉莉子は苦労して縄文杉のところまで登山し，樹齢4000年以上という縄文杉に会った時，いろいろな思いを抱きました。

5 授業展開例

　授業の前に，課題設定の時間を20分とりました。Ａ４用紙のワークシートに，感想７行，話し合いたいこと５行の罫線を設定して，書かせました。

　また，授業の前に，事前準備の時間をとり，発問構成を考えました。

　今回，生徒の考えを分類したところ，話し合いたいことは大きく２つになりました。「縄文杉に会いに行く」という言葉に着目した内容，「自然愛護」に関する内容です。そこで，生徒の考えた内容を基に発問を設定しました。前者は資料の内容に関わることなので，中心発問としました。後者は主題に関わることなので，主題に迫る発問としました。

　活動内容が多いので，発問は２つにしました。

　導入には，ネイチャーゲーム的な活動を取り入れました。木のポーズをとらせ，木の気持ちに近付けました。木からの眺望を想起させます。目をつぶらせることで，他の生徒の視線を気にすることなく，思い思いのポーズを取ることができました。

> **中心発問**　みんなが縄文杉に「会いに行く」と言うのはなぜか。

・挙手で発表

生徒Ａ　茉莉子さんが縄文杉に興味をもっているからだと思いました。
教　師　なぜそう思ったんですか？（反問）
生徒Ａ　私は縄文杉のことを知らなかったので，会いに行こうと思わなかったからです。
生徒Ｂ　縄文杉は生きているから，みんなが会いに行くと言うんだと思いました。
教　師　生きているって実感するのは，どんなところなんだろう？（反問）
生徒Ｂ　私たちを見てくれているんだなと思ったからです。
生徒Ｃ　ただの木ではなく，偉大な人に思えるからだと思います。
生徒Ｄ　私たちに語りかけてくれるからだと思います。
教　師　どんなことを語りかけてくれるのでしょう？（反問）
生徒Ｄ　みんなの悩みに対する答えだと思います。それと自然を守っていくように語りかけていると思います。

生徒E　自然がすごく遠くにあるものになってしまったからだと思います。
　　　（後略）

主題に迫る発問　「自然を大切にする」とはどういうことか。

　班の意見
・できるだけ木を切らない等，自然の未来を考え，自分たちの生活を変えていくことだと思います。
・リサイクル可能な資源をより効率的に使っていくことだと思います。
・なるべく自然を減らさないようにして，共存できるように保護していくことです。
・一人ひとりが緑の大切さ，よさを知り，地球や人にとっての重要さを考えて行動することだと思います。
・身近な自然を大切にすることだと思います。それと，みんながエコ活動に協力することだと思います。

教　師　自然を大切にするために，さらにどんなことができるでしょうか？（全体への反問）
生徒F　今ある自然を壊さないような法律をつくったり，緑を増やす法律をつくったりすることができると思います。
生徒G　木は必要な分だけ切ることができると思います。
生徒H　水を汚さない，空気を汚さない，街を汚さないことができると思います。
生徒I　みんなに自然の現状について知ってもらうことが大切だと思います。
生徒J　緑を増やすことができると思います。

6 評価について

　授業内容について（道徳性）は，ワークシートを活用します。
　授業への取り組みについては，授業後の自己評価シートを活用します（4段階評価）。

（菅　明男）

よりよく生きる喜び【D-(22)】

自分の弱さを克服し，よりよく生きる原動力を考えよう

● 「銀の燭台」（『6年生の道徳』文溪堂）

	指導方法			学習活動・授業の工夫			
	登場人物への自我関与が中心の学習	問題解決的な学習	道徳的行為に関する体験的な学習	ペア・グループ・全体での話し合い	切り返し等重層的発問を生かした語り合い	体験的な活動・動作化 役割演技	ノート，自作教材，ICT等の活用
道徳的な価値についての自覚や「見方・考え方」を深めることによる，道徳的な問題発見・解決及び成長に向けた深い学び	○						
多様な価値観に基づく感じ方・考え方や生き方の交流等を生かした対話的な学び				○	○		
道徳学習の意義を理解し，自己を見つめ振り返る中で成長を実感し，人間としての自己の生き方について考える主体的な学び					○		

1 授業のねらい

> 主人公ジャン＝バルジャンの道徳的変化を通して，人間の弱さ，醜さを克服する気高い心があることを理解し，人間として生きる喜びを見出そうとする道徳的実践意欲を高める。

2 授業づくりのポイント

　本指導案は，ミリエル司教の視点ではなく，ジャン＝バルジャンに視点を当てています。生活のためとは言え，盗みという犯罪を犯したジャンの人間としての弱さに自分の弱さを重ね合わせ，その弱さを克服する気高さも同時に持ち合わせていることに気付かせてくれます。また，その気高さを発揮するための原動力となるものは何かを，自分の経験に基づいて考えることで，自己を見つめることができる教材です。

3 学習指導案

(1) **主題名** よりよく生きる喜び【D-㉒】
(2) **教材名** 「銀の燭台」(『6年生の道徳』文溪堂)
(3) **展 開**

	学習活動	発問と予想される生徒の反応	指導上の留意点
導入	○燭台の写真を見る。		・教材への導入:燭台とは何かを理解させる。
展開	○教材を黙読する。 ○登場人物を確認する。	・ジャンの気持ちがよく表れているところに線を引く。 ジャン=バルジャン:犯罪者(19年間投獄) ミリエル司教:優しい,貧しい人を助けている	・教材を範読する。
	○周囲に受け入れられなかったジャンの気持ちを理解する。	**発問** なぜ,ジャンは「銀の食器も出してください」と言う言葉にひどく面食らったのだろう。 ＊全然予想していないことだった。 ＊悪者と思われているのにもてなされたから。	・世間から悪者と思われ「どうせ自分は…」と思っていることに気付かせる。
	○ジャンの心の葛藤を理解する。	**発問**「あの食器,いくらで売れるだろう」と心が大きくゆれていた。どんな思いがゆれ動いていただろう。 ＊売って金にしよう／どうせ悪者と思われてる／裏切ってはいけない／また刑務所戻りかも	・欲望と良心の狭間でゆれる心の葛藤を理解させる。
	○自分の弱さ,醜さに気付くジャンの思いに共感する。	**中心発問** 燭台を渡されたジャンの手足がわなわなと震えていた。ジャンが司教から燭台とともに受け取ったものは何だろう。 ＊やり直すチャンス／司教の温かい心／感謝／希望／司教の自分への理解／信じられることの責任の重さ／司教を裏切った後悔／恥／罪悪感／試練	・ジャンがどんな道徳的価値に気付いたかについて考えを深めたい。
	○弱さ・醜さを克服する気高さを発揮する原動力となったものを考える。	**終末の発問** ジャンの生き方を変えたものは,何だろう。 ＊深い反省／ジャンの心に戻った良心／恩送りの心／物の見方・とらえ方の変化／正しく生きる希望・決意／生き方のモデルとなる人／深く人を理解する心	・ジャンが立ち直り後に市長として信頼されたことを伝える。
終末	○感想を書く。	・今日の授業での感想や学んだこと,考えたことを書こう。	

Aの視点　Bの視点　Cの視点　Dの視点　主として生命や自然、崇高なものとの関わりに関すること

4 授業展開例

　導入で『ああ無情』または『レ・ミゼラブル』という演劇を知っているかを尋ね，物語の抜粋教材であることを知らせました。その後，燭台の写真を見せて，資料への導入を図りました。
　主な登場人物の司教とジャンを簡単に整理します。この時，特にジャンは姉と姉の7人の子供のためにパンを盗み，家族を心配するあまり脱獄を繰り返し19年もの刑に服したことを端的に説明しておきます。また，19年の間に極悪人として世間に知られ，だれにも相手にされないことも，生徒に押さえておくと展開がスムーズに進みます。

> **発問**　なぜ，ジャンは「銀の食器も出してください」という言葉にひどく面食らったのだろう。

　この発問に対し，「だれも泊めてくれなかったのに，予想に反して泊めてくれた」「悪者扱いせず，泊めた上に銀の食器で食事まで…とお客様扱いされて驚いた」「他の人と対等に扱ってもらい，意外だった」「食器を盗まれると思わず，信じてもらえたから」等の意見が出ました。

> **発問**　「あの食器，いくらで売れるだろう」と心が大きくゆれていた。どんな思いがゆれ動いていただろう。

　葛藤場面を十分理解することで，中心発問に対する考えが深まるので，ペアで意見を交流させました。また，盗むか盗まないかでゆれる気持ちを，具体的に理由をつけて発言するように求めました。盗む理由としては，「これからの生活を思うと，盗んで金にしたい」「いけないとは思うが，姉と7人の子のことを思って」「どうせ悪者だと思われているから」等の意見が出ました。一方，盗んではいけないと思った理由としては，「恩を仇で返していいのか」「また犯罪を繰り返すことになる」「司教を裏切ることになる」「捕まれば，刑務所に戻ることになる」等の意見が出ました。

> **中心発問**　燭台を渡されたジャンの手足がわなわなと震えていた。ジャンが司教から燭台とともに受け取ったものは何だろう。

　できるだけ生徒の意見に対し，切り返し発問で具体的な説明を求めました。

生徒A　お金。銀の食器と燭台をお金に換えたら，家族もみんなちゃんと生活できる。
生徒B　司教の優しさ。…悪いことをしているのに，最後の最後まで優しくしている。

生徒C	ジャンの将来。食器をあげたことにしたから，刑がなくなり社会での生活をもらった。
生徒D	未来。中途半端なら，また盗むかもしれない。だからしっかりやり直せるように。
生徒E	将来の希望。今回は司教様が許してくれたけど，これからはちゃんとした道を歩いて行きなさいという意味の希望。
生徒F	罪悪感。今までも盗みをしたけど，今までよりもっと重い罪悪感。
教　師	すごくたくさん意見が出たね。考えのまとまっていない人もいる様子なので，少し周りの人と相談してもいいですよ。
生徒G	人生をやり直すチャンス。もう盗むなよという司教からの思いが届いたから。
生徒H	恩。
教　師	どんな恩？　もう少し，具体的に説明して。
生徒H	泊めてもらったり食事を銀の食器で出してもらったり。裏切ったのに許してもらってその上燭台までもらったからその恩。絶対に返さなくてはいけないくらいの恩。
生徒Ｉ	司教様のジャンを助けたいという温かい思い。
生徒J	司教様の広い心。盗まれたのに，それでも許すって心が広い。
教　師	そうかぁ。燭台とともに本当にいろいろなものをもらったね。この後，ジャンは遠い町に行き，生き方を変えて人々を助けます。そして，信頼される市長になります。

> **終末の発問**　ジャンの生き方を変えたものは，何だろう。

生徒E	ものの考え方とか見方が変わった。（具体的に説明を求めると…）ずっと悪人として生きてきたけど，生活に困っているから盗むではなく，困っていても盗まないという考え方ができたと思う。
生徒K	人の思っていることを深く見ることができたから。（どういうことかと尋ねると…）司教はジャンが盗んだ理由というか，辛い状況をわかって許したと思う。だから，わかってもらったから，ジャンは変わろうと思えた。そして，いろんな辛い経験をしてきたジャンだから，市長として市民の辛さを理解して信頼されたと思う。
生徒L	恩送り。司教に直に恩を返せない分，他の人に恩を返して役に立ちたいと思った。
生徒M	司教様のようになりたいという思い。自分がなりたいと思える人ができたから。

5　評価について

　感想文や授業記録を基に，人が生き方を変え，「よりよく生きようとするための心の支え」となるものを具体的に考えた生徒の意見や感想をそのまま抜粋し，評価しました。また，感想には仲間の意見に刺激を受けて考えを深めた記述もあり，その点も記述し評価しました。

（村田寿美子）

よりよく生きる喜び【D-⑵】

弱さ・醜さと向き合い，強さ・気高さを求める生き方を考えよう

● 「カーテンの向こう」（『中学道徳3　心つないで』教育出版）

	指導方法			学習活動・授業の工夫			
	登場人物への自我関与が中心の学習	問題解決的な学習	道徳的行為に関する体験的な学習	ペア・グループ・全体での話し合い	切り返し等重層的発問を生かした語り合い	体験的な活動・動作化 役割演技	ノート，自作教材，ICT等の活用
道徳的な価値についての自覚や「見方・考え方」を深めることによる，道徳的な問題発見・解決及び成長に向けた深い学び	○				○		
多様な価値観に基づく感じ方・考え方や生き方の交流等を生かした対話的な学び	○	○			○		
道徳学習の意義を理解し，自己を見つめ振り返る中で成長を実感し，人間としての自己の生き方について考える主体的な学び	○	○			○		

1 授業のねらい

> カーテンの向こうの事実を知った後の「私」の行動を自分事として予想し考えさせることを通して，弱さ・醜さと向き合いつつよりよく生きようとする判断力を育てる。

2 授業づくりのポイント

本教材から「カーテンの向こうの事実を知った私。私はこれからどのように生きていくか」を中心発問とします。この時，弱さ・醜さと向き合う中でこそ生きる喜びを創出できることを実感させます。生徒の意見の中に価値観を深める助言を見つけ，教師は落ちこぼれ役で対応し，ねらいを達成させます。はじめに①率直な意見を出させてみんなで整理し（教材を自分とつなぐ），次に②出た意見を教材にして理由根拠を質疑応答・議論し合い（みんなの意見を自分とつないで自分の意見を育て），最後に③成長実感を語り喜び合います（協働的学びの喜び）。

3 学習指導案

(1) 主題名　よりよく生きる喜び【D-⑵】
(2) 教材名　「カーテンの向こう」(『中学道徳3　心つないで』教育出版)
(3) 展　開

	学習活動	発問と予想される生徒の反応	指導上の留意点
導入	○弱さ・醜さと向き合うことを考え、話し合いに興味をもつ。	・人に言えない弱さ・醜さと向き合うって、最後人としての喜びにつながる…って。一番人間ぽいこと…と言われています。楽しみ…。 ・「カーテンの向こう」でその追体験を。	・短時間で価値に対して方向付ける。 ・個性・立場の違う2人の話であることを告げる。
展開	○教材を読む。 ○カーテンの向こうの事実を知った「私」が、これからどのように生きていくか、率直な考えを出し合い整理する。(○) ○自分の考えの理由・根拠を言い合い、見方・考え方として質問、意見を言い合う。(◎)	・「カーテンの向こう」を読む。 **中心発問**　カーテンの向こうの事実を知った私。私はこれからどのように生きていくか。(○) ＊ア　ヤコブの後継ぎ。 ＊イ　事実をみんなに知らせ、みんなでよい部屋にする。 ＊ウ　何もしないでただ寝ているだけ。 **発問**　ア〜ウのどれ。自分としての理由・根拠は。質問・意見はないか。(◎) ＊ア1　ヤコブが一番喜んでくれると思うから。 ＊ア2　ヤコブに悪い。みんなのために…と思うから。 質応　自分の能力に不安はない？ 　　　あるけど、やるしかない。罪滅ぼしのつもりでやりたい。 ＊イ1　ヤコブの願いを自分流に果たしたいから。 　イ2　みんなの幸せを願い、みんなを信頼したいから、事実を知らせ協力を仰ぎたいから。 　イ3　みんなにヤコブの愛を話し関係づくりしたい。 質応　みんなのショックは？ 　　　ヤコブの愛を話す…。 ＊ウ1　ヤコブの後継ぎが無理な自分は、言わず・聞かず・見ずが、みんなのためと考えるから。	・教師が範読する。 ・私の生き方を考え、弱さ・醜さを見つめ乗り越える追体験をさせる。 ・教師は落ちこぼれ役の位地をとる。 ・○○⊙は中心発問の重層的展開とする。○率直な意見→◎多面的・多角的議論と対象化→⊙成長実感となり、◎⊙でメタ認知化を進める。 ・○で教材の自分化をし、◎の協働討議で友達の意見の自分化をし、⊙で共同討議の成果として互いの価値観の成長・変化を語る。 ・○○⊙は常に全員が話し合いに関与し当事者意識をもてるよう配慮する。
	○互いに自分の成長実感を話し合い、互いの成長から学び合う。(⊙)	**発問**　話し合い中、自分の中でわいてきて、大切に育てた考え方は。(⊙) ＊汚い自分をみんなの中できれいにしたい。 ＊ヤコブの喜ぶこととみんなの幸せを願う心。 ＊みんなの幸せをみんなの手でできるという信頼感。	・⊙では○◎で議論してきたどの立場も生き方の方法は異なるが、互いの育てた価値観は、より高次になったことを喜ぶ。
終末	○『私たちの道徳』とシートでまとめる。	・『私たちの道徳』p.120を読み、振り返りシートを書く。	・『私たちの道徳』は読むだけ。

Aの視点　Bの視点　Cの視点　Dの視点

主として生命や自然、崇高なものとの関わりに関すること

4 教材の概要

死を待つ人々の楽しみは，窓近くのヤコブがカーテンの隙間から覗いたことを話すこと。私は妬みがわきヤコブの死を望みますが，念願適った時，カーテンの向こうはレンガの壁でした。

5 授業展開例

「弱さ・醜さと向き合うって，結局人としての喜びにつながって，一番人間っぽいこと…と言われています」…と話し，教材を提示後，次の中心発問をし，全体で話し合いました。

| 中心発問　カーテンの向こうの事実を知った私。私はこれからどのように生きていくか。 |

生徒ア1　ヤコブの後継ぎをしたい。ヤコブに悪かった（2/3ほどの生徒，同意見を示し着席）。

生徒ア2　ヤコブの後継ぎだけど，あの位地に行った人，みんなそうするように伝統に…したい。

生徒イ1　自分はサーッと窓を開けて全部見せちゃう。ヤコブの注いでくれた愛情…全部知らせる。みんなに協力を頼む。…自分たちの部屋，自分たちで楽しくしていこうって。

生徒イ2　自分もよく似ている。イ1さん，ヤコブの注いでくれた愛情と言ったけど，それを本当にありがたいと思ったら，一人ひとりが仲良くしたいって思う。ヤコブの願い…

生徒イ3　私も同じ。ヤコブの願いって，死んでいくこの部屋で，みんなが明るく仲良く，「いい人生だったよ。ありがとう」って言っていけることだと思う。

生徒イ4　自分は本当に自信がない。ヤコブの代打やりたくてもできない。お話つくれない。ノイローゼになっちゃう。…正直なこと言って，みんなに助けてもらうしかない。

生徒ウ1　僕もそれ考えた。だけど僕はみんなにレンガの壁のこと知らせたくない。知らせたらみんなの精神状態，心配になる。だから何も言わず何もしない。ただ寝ているだけ。「外の様子，話して」って言われても何も言わない…次の人もそうすればいい。

教　師　なるほど，3つの立場の人，それぞれヤコブへの感謝と罪滅ぼしの行動を考えていますね（みんな，笑い）。それとヤコブの願いでもある，みんなのこともよく考えていますね。私，勉強になります。

その後，生徒たちの意見をまとめ（ア：自分の汚さを反省しヤコブの後継ぎ，イ：事実をみんなに知らせ，みんなでよい部屋にする，ウ：何もしないでただ寝ているだけ），全員の立場を決めて討論しました。

| 発問　（全員に）ア～ウのどれ。自分としての理由・根拠は。質問・意見はないか。 |

質イ→ア　アの人へ。自分がお話つくれる自信ない人って，どうしたらいいのかな？

応ア→イ	下手でもその人流でいいんじゃないかな。口べたの人なら，みんなの方から聞いていく。そうしてヤコブの苦労を味わいたい。…自分は自分のため，苦労を体験しなくちゃって。	
教 師	そうかあ。ヤコブと同じ苦労を体験したいんだ…。わかるなあ…ね。	
憲イ→ア	すごい。苦労を味わいたい，自分のために。僕イだけどアの人の心いいなあって。	
憲イ→ア	僕，生き方としてみんなを信頼したくてイにしたけどアの今の意見いい…わかる。	
質ウ→イ	イの人，みんなの精神状態，心配では。	
応イ→ウ	みんなで落ち込んでる人を励ましていくしかないと思います。本当に部屋のみんなが励ませば絶対明るくなるって…それより嘘つくことだけは。優しい嘘…？	
憲イ→ア	自分も抵抗あった。優しい嘘だけど，この場合，本当のこと伝えた方が人を尊重してると思う。上から目線みたいな…巧く言えない…ヤコブの愛は嬉しいけれど。	
憲イ→アウ	僕は自分のこと汚かったと思う。その分ヤコブの苦しかったこと体験したり，みんなのこと考えたりしてる。だけど，ほんと人間ってすぐ汚くなる。そして，すぐきれいになったと思いたい（みんな，笑い）。イの立場で，みんなのためにもっと苦労していきたい。	
憲イ→アウ	自分も汚いこといっぱい。私さんみたいに他人の死を願うことあったかも。だけど，そういうこと経験してると，汚さに苦しんでる人に優しくなれる気がする。	

成長実感を語るところで生徒が出した意見は次のようです。

発問	話し合い中，自分の中でわいてきて，大切に育てた考え方は。

生 徒	自分の醜いところを見ると「みんなを信頼する考え方」をまずもとうと…裏切られても。
生 徒	「ヤコブの苦労を味わいたい」が衝撃。みんなを信頼していきたいけど，自分自身が苦労した実感で反省しないと…自分と向き合いながらみんなの幸せを考えていきたい。
生 徒	わいてきたのは「信用できない自分をよくしたい」と「みんなへの愛」です。

生徒たち，まだまだ話し足りない様子です。教師の助言質問は「教えて」と落ちこぼれ役で。

6 評価について

カーテンの向こうの事実を知った後の「私」の行動を自分事として予想し考え

授業の前	・自分の弱さ・醜さにはできるだけ目をつぶっていたい。 ・醜いところに目を向けないので，他人の醜さによくなる期待をもたない。	→	授業の後	・自分の弱さ・醜さにはできるだけ目を向け向き合っていきたいと思い始める。 ・醜いところを少しでもよくしようと思うこと自体に生きる喜びを見つけようとする。

させていくことを通して，弱さ・醜さと向き合いつつよりよく生きる判断力を育てられたかを評価します。

（柴田八重子）

よりよく生きる喜び【D-⑳】

人間として気高く生きることを考えよう

● 「風に立つライオン」(『中学生の道徳3　自分をのばす』廣済堂あかつき)

	指導方法			学習活動・授業の工夫			
	登場人物への自我関与が中心の学習	問題解決的な学習	道徳的行為に関する体験的な学習	ペア・グループ・全体での話し合い	切り返し等重層的発問を生かした語り合い	体験的な活動・動作化役割演技	ノート，自作教材，ICT等の活用
道徳的な価値についての自覚や「見方・考え方」を深めることによる，道徳的な問題発見・解決及び成長に向けた深い学び							●
多様な価値観に基づく感じ方・考え方や生き方の交流等を生かした対話的な学び				●			
道徳学習の意義を理解し，自己を見つめ振り返る中で成長を実感し，人間としての自己の生き方について考える主体的な学び	●						

1 授業のねらい

> 主人公（青年医師）の進むべき道についての悩み，葛藤を通して，自分を見つめ直し今を精一杯生き，将来に向かってよりよく生きようとする意欲を育てる。

2 授業づくりのポイント

　グループ活動を入れることで，すべての生徒の発言機会を保障し，対話的な学びを促します。さらに，青年医師が，恋人と別れ，祖国を離れるという悩み，迷い，葛藤を通して，生徒が「生きる」ことを自らに問い直すこと，つまり，自分と向き合う中で深い対話（内省）に導きます。

　キャリア教育に関わる職業観涵養も大事な視点ですが，世界平和と人類の幸福のために貢献する生き方，人生観に焦点を当てていきます。

3 学習指導案

(1) 主題名　よりよく生きる喜び【D-⑵】
(2) 教材名　「風に立つライオン」(『中学生の道徳3　自分をのばす』廣済堂あかつき)
(3) 展　開

	学習活動	発問と予想される生徒の反応	指導上の留意点
導入	○思い浮かんだことを自由に発言する。	・生きていく上で大切に思うものは何か。 ＊仕事，友人，恋愛，お金，社会に役立つこと，社会的地位，学歴，趣味，家族…。	・「生きる」ということについて考えていく，と提示する。
展開	○教材を読む。 ○考えを記述し，グループ（4人班）で交流する。 ○自分と考えの違う人と意見交流する（全体）。 ○葛藤の中にある，主人公の心情を考える。	**発問**　あなたは医者の卵です。アフリカへの医療活動の誘いがきました。単身で3年が条件です。どうするか。その理由は？ 【行く】 ＊人生を悔いなく生きるために。 ＊人の役に立ちたい。 【行かない】 ＊日本にも助けを求めている人はいる。 ＊恋人と離れられない。 **中心発問**　「現在（いま）を生きることに思い上がりたくない」とは，どういうことだろうか。 ＊今の生活に安住したくない。 ＊自分の生き方を高めたい。 ＊さらに貢献していきたい。	・この歌詞は，日本に残してきた恋人から，結婚を知らせる手紙を受け取った主人公が彼女に宛てて書いた返信の手紙だと説明する（範読）。 ・黒板に【行く】【行かない】の欄を設けネームプレートを貼らせる。 ・彼女の立場なら【行かせる，行かせたくない】という意見が出てもよい。
終末	○メロディー付きで歌を聴く。 ○振り返りシートに記入する。	**発問**　「風に立つ」という意味を考えてみよう。 ＊困難に立ち向かう生き方。 ＊高い志をもった気高い生き方。 ＊理解されなくても初志を貫徹する。	・国際的な視野に立ち，1人の人間として貢献する生き方に共感させたい。 ・余韻をもって終わる。

Dの視点　主として生命や自然、崇高なものとの関わりに関すること

4 教材の概要

理想の実現を求めて生きる青年医師が，恋人に宛てた返信の手紙から「ねらい」に迫るものです。アフリカへ渡った主人公ですが，悩みや葛藤は行く時だけでなく，現地でも味わっています。しかし，それらを乗り越えて選んだ道を誠実に進むところに，気高い生き方を垣間見ることができるのです。

5 授業展開例

導入では，生きていく上で大切に思っていることを問い，挙手なしでどんどん当てていきます。お金，学歴，家族等がすぐに出てきました。しばらくいろいろと言い合う中，ある生徒が「夢をもつこと」と発言しました。その発言から，夢をもつとは「何かになりたい」ということかと問い，そこから仕事で人の役に立つこと，そもそも生きるって何だろうと話が広がっていきました。

今日は「生きること」について１人の人物から考えてみようと提示しました。

> **発問** あなたは医者の卵です。アフリカへの医療活動の誘いがきました。単身で３年が条件です。どうするか。その理由は？

大切な恋人や助けるべき日本の患者たちもいる中，自分ならばどうするかという場面を想起させます。【行く】【行かない】を判断させた後は，理由を記述させると，黙々と書く姿が見られました。

４人班で，互いの意見を交流させました。この時は，６割が【行く】４割が【行かない】という結果でした。

次に，全体での意見交流をしました。黒板に意思表示ネームプレートを貼りに行かせ，みんなが人の考えがわかるようにしました。そして，グループで出た意見でもよいので自由討議をさせました。

【行く】という考えを一通り聞いた後，【行かない】という意見を聞きました。

次に，自分と考えの異なる人に対して，言いたいことや疑問等を出させました。

> **中心発問** 「現在（いま）を生きることに思い上がりたくない」とは，どういうことだろうか。

生徒A	平凡に生きていることに満足したくないということかな。
生徒B	医者として普通に日本で働くことは安定するかもしれないがワクワク感がない?!
教　師	ワクワク感って？
生徒B	何が起こるかわからない中で，がんばれることだと思う。安定することは安心やけどなんかつまらない。
教　師	地道な生き方も尊いし，それを貫くのはすばらしいことだと思うけど。
生徒C	人間，安定したらチャレンジしないんじゃないかな。少なくとも私はそうする。
教　師	停滞は後退っていうこと？
生徒A	人の役に立つ仕事ができたら嬉しいと思う。
教　師	働くということは，社会貢献の意味が大きいね。
生徒C	前に漫画で，「人間はだれかの役に立つことが生きがいになる動物」と読んだことがある。気高いという言葉は普段使わないけど，こういう生き方を気高いと言うのかなと思った。
教　師	気高い生き方，今それができているかできてないかということを問い返すことも大切やけど，そういう生き方を目指していきたいね。

　生徒たちは，アフリカの自然を想像しながら，いかに生きるかについて思いを巡らせていました。ただ，アフリカに行くこと自体が最終目的でないことを押さえました。日本にとどまり，求められる場所で医療に従事することも尊いことだと話しました。

6　評価について

　記入した振り返りシートを基に，記述内容と発言内容を見ます。特に，自分と異なる意見に対して，グループ活動や全体の話し合いの中でどういう姿勢で発言したかを観察します。
　また，気高い生き方，世界の人々に貢献する生き方についての記述について見取ります。

（鈴木　克治）

Aの視点　Bの視点　Cの視点　Dの視点　主として生命や自然，崇高なものとの関わりに関すること

よりよく生きる喜び【D-㉒】

よりよい生き方を見つめてみよう

● 「高砂丸とポトマック川のこと」（『中学生の道徳３　自分をのばす』廣済堂あかつき）

	指導方法			学習活動・授業の工夫			
	登場人物への自我関与が中心の学習	問題解決的な学習	道徳的行為に関する体験的な学習	ペア・グループ・全体での話し合い	切り返し等重層的発問を生かした語り合い	体験的な活動・動作化役割演技	ノート、自作教材、ICT等の活用
道徳的な価値についての自覚や「見方・考え方」を深めることによる、道徳的な問題発見・解決及び成長に向けた深い学び			○		○		
多様な価値観に基づく感じ方・考え方や生き方の交流等を生かした対話的な学び		○		○		○	
道徳学習の意義を理解し、自己を見つめ振り返る中で成長を実感し、人間としての自己の生き方について考える主体的な学び							○

1 授業のねらい

> ２人の生き方から、自分のもつ弱さや強さを感じることを通して、人間として生きることへの気高さを感じ、誇りある生き方を実現しようとする道徳的心情を育てる。

2 授業づくりのポイント

　本教材には、アメリカと日本で起きた痛ましい事故の様子が描かれています。ただ、そのような状況の中でも、懸命に、人としての在り方、よりよく生きる生き方を考え行動した２人の人がいました。それらの事故状況を、教材を読む前に、その時の２人になり切って心情や判断に至る葛藤を模索していきます。その後、授業の終末に教材を読みます。そこで、どのような状況に置かれようとも、人としての在り方とは何か、よりよく生きる生き方とはどのようなものなのかに対する、自分との深い対話を促すことができます。

3 学習指導案

(1) 主題名　よりよく生きる喜び【D-㉒】
(2) 教材名　「高砂丸とポトマック川のこと」（『中学生の道徳3　自分をのばす』廣済堂あかつき）
(3) 展　開

	学習活動	発問と予想される生徒の反応	指導上の留意点
導入	○人間の弱さ・強さを考える。	**発問** パスカルの言葉を聞いて，何を感じるか。 ＊確かに弱いと感じる，弱いかもしれないが，強さもある…。	・パスカルの言葉である「人間はひとくきの葦にすぎない…弱いものである」を伝える。 ・短時間で，リズミカルに全員発表させる。
展開	○日本で起きた事故の状況を確認する。 ○意見交流する。	・事故状況を把握する。 **発問** 荒れ狂う波の中，目の前で溺れている人を見つけた。船の上にいるあなたは何をするか。 ＊無我夢中で助けようとする。 ＊怖くて動けない。 ＊だれかに助けを求める。	・教材を基に，ICTで事故状況を具体的に伝える。 ・個々の考えにおける心情や判断に至る葛藤の様子を押さえる。
	○アメリカで起きた事故の状況を確認する。 ○意見交流する。	・事故状況を把握する。 **中心発問** 2番目に自分の頭上にロープが下りてきた。あなたは何を考えるか。 ＊自分だけが先に行くことはどうなのか。 ＊近くの人にロープを渡した方がよいのか。 ＊とにかく助かりたい。 ＊どうしたらよいのかわからない。	・教材を基に，ICTで事故状況を具体的に伝える。 ・命の危険性が高い緊迫している状況において，どうしてそう考えたのかをじっくりと考えさせたい。また，必要に応じて，事故状況をロールプレイングする。
終末	○教材を読む。 ○振り返りシートに記入する。	・本文で魅力を感じたところに線を引きながら読む。 **発問** 2人の生き方から，人の生き方について何を感じるか。 ・テーマと自分の生き方とをつなげながら，振り返りシートに記入する。	・範読後，パスカルの言葉の続きである「だが，それは考える葦である」を伝える。 ・教師の考えを挟まず，振り返りシートへの記入を促す。

Aの視点
Bの視点
Cの視点
Dの視点

主として生命や自然，崇高なものとの関わりに関すること

4 教材の概要

　1982年，アメリカのワシントンで起きた飛行機墜落事故，凍結している川面で救助を待つ生存者の1人（アーランド・ウィリアムズ）が，何度も自分の頭上に下される救命ロープを他者に譲り渡し，5人の命を救いました。1957年，日本の紀伊半島沖で起きた機帆船の火災，近くを航行していたデンマーク船の機関長（ヨハネス・クヌッセン）が，溺れる船員を助けようと，荒れ狂う波の中に飛び込み，命を救おうとしました。

5 授業展開例

　授業のはじめに，道徳の時間がどのような時間なのかを確認しました。
※私は，「人間的な魅力を探す時間」と伝えています。理由は，道徳の時間が，教師と生徒にとってどのような時間であるかを明確にすることで，生徒がよりいっそう大切な時間としてとらえることができると思っているからです。
　その後，ブレーズ・パスカルの言葉である，「人間はひとくきの葦にすぎない。自然の中で最も弱いものである」を紹介しました。

発問　パスカルの言葉を聞いて，何を感じるか。

　全員発表を行いました。生徒からは，「確かに弱いと感じる，弱いかもしれないが，強さもある，自分は弱くない」といった意見が出ました。

　教材を読む前に，教材に描かれている2つの出来事について考えました。はじめは，日本で起きた事故の状況についてです。教材の内容をICTで具体的に示し，イメージを高めました。

発問　荒れ狂う波の中，目の前で溺れている人を見つけた。船の上にいるあなたは何をするか。

　グループで話し合わせたところ，「無我夢中で助けようとするが，飛び込んで助けようとするまでにはいかないかも。近くにだれかいれば，その人に助けてもらう。たぶん怖くて身動きもできないだろう」といった意見が出ました。
　その後，判断に至る葛藤の様子を問うと，「生きるか死ぬかの状況で，やっぱり自分の命が大切だ。自分の命もだけど，目の前で溺れている人を見捨てることなんかできないと思う」といった意見が出ました。
　次に，アメリカで起きた事故の状況について考えました。同様に，教材の内容をICTで具

体的に示し，イメージを高めました。

> **中心発問** 2番目に自分の頭上にロープが下りてきた。あなたは何を考えるか。

個人でじっくりと考えさせました。その後，意見交流を行いました。

生徒A 自分の命が助かる！って喜ぶと思う。
教　師 どうしてそう思うのかな？
生徒A だって，生きていたいから。
教　師 みんなも同じかな？
生徒B 私は周囲の人の状況を見て考えると思います。だって，私より年の幼い人や弱っている人がいたら，その人を優先したいと思うのは自然だと思うからです。
教　師 自分の命も危険なのでは？
生徒B それはそうだけど。でも…
生徒C 私は自分の命も大切だから，周囲の人で抱えていける人がいたら，そうするかな。
教　師 そんな状況ではないかもしれないよ。
生徒C そうかもしれませんが，でも，考えると思います。

生徒からは，自分の命も大切だけれど，でも，それだけではない。周囲の命についても考えるし，その命を救える行動を考えるという意見が多く出ました。

授業の終末に，本教材を読みました。その後，導入時に紹介したブレーズ・パスカルの言葉の続きである，「だが，それは考える葦である」を伝えました。

> **発問** 2人の生き方から，人の生き方について何を感じるか。

生徒からは，「2人を誇りに思う。人間には弱さもあるけれど，考えることの強さや気高さがある。自分の生き方も見つめ直していきたい」といった意見が出てきました。

6 評価について

記入した振り返りシートを基に，人としての在り方や生き方に対して一面的なとらえから，強さ気高さや弱さ醜さとの葛藤を経て，多面的にとらえようとしている様子等を評価していきます。その後，内容を学級全体で共有していくことが望ましいと考えます。

（藤永　啓吾）

Aの視点

Bの視点

Cの視点

Dの視点

主として生命や自然，崇高なものとの関わりに関すること

第3章

アクティブ・ラーニングを位置づけた中学校 特別の教科 道徳の授業の評価

1 「特別の教科　道徳」の評価
～「『特別の教科　道徳』の指導方法・評価等について（報告）」を踏まえて～

❶評価の意義

　「学習指導要領　総則」では「児童（生徒）のよい点や進歩の状況などを積極的に評価するとともに，指導の過程や成果を評価し，指導の改善を行い学習意欲の向上に生かすようにすること」と述べられています。このように教育における評価は，児童生徒にとっては自分自身の成長を実感し，学習意欲の向上につなげていくこと，そして，教師にとっては目標や指導計画，指導方法の改善に資するために行うことの２つの意義があります。この評価に関する基本的な考え方は，道徳科においても当てはまることです。

　まず，道徳科における評価の１つ目の意義は，道徳科の目標に照らして，児童生徒がいかに成長したかを積極的に受け止め，認め，励ましていくことです。道徳科において養うべき道徳性は人格に関わるものであることを考えた時，その評価は，児童生徒を認め，勇気付け，そのよさを伸ばすためのものでありたいものです。そして，２つ目の評価の意義は，指導計画や指導方法の改善に生かすことです。改正された学習指導要領では，道徳科の質的改善が強調されています。これまでの心情理解のみに偏ったり，わかりきったことを表明させたりするような授業から脱却して，児童生徒がより多面的・多角的な見方へ発展しているかということや，道徳的価値の理解を自分自身との関わりの中で深めようとしているかという視点から評価し，分析を行うことで，授業改善を図っていきたいものです。

❷記述による個人内評価

　「学習指導要領　特別の教科　道徳」では「学習状況や道徳性に係る成長の様子を継続的に把握し，指導に生かすよう努める必要がある。ただし，数値などによる評価は行わないものとする」と述べられています。このように，道徳科における評価は，指導とねらいとの関係において適切に行い，その後の指導に生かしていくことになります。そして，その際の評価は文章で表記することになります。さらに，他者との比較ではなく，個人内評価とします。つまり，他の児童生徒との比較や目標に対しての達成度を確認するのではなく，一人ひとりの児童生徒の個人内での道徳的成長を文章で評価していくことになります。このことは，各教科における評価が「関心・意欲・態度」等の観点別学習状況の評価と数字による総括的な評定で行う到達

目標であることに対し，道徳科の目標は方向目標だからです。教育の目的が人格の完成を目指して行われる営みで，道徳性は生涯を通じて高めていかなければならないことを考える時，文章表記であることや個人内評価であることは適正な評価方法と言えましょう。

❸ねらいの明確化と道徳科目標における評価の観点

　評価は授業でのねらいと指導の関係でとらえられます。一般的に，ねらいに対しての達成度が高ければ質の高い授業と言えるでしょうし，達成度が低ければ授業改善が求められます。このように評価を行う上で，まずはねらいが大切であります。ねらいが曖昧であれば，評価を適正に行うことができません。ねらいを明確にすることが重要です。これまで道徳の時間におけるねらいは，道徳性の諸様相の道徳的心情，道徳的判断力，道徳的実践意欲と態度に視点を当て，例えば，「…思いやりの心をもって接しようとする道徳的心情を高める」というような表記をすることが多かったと思われます。これからの道徳科においても，１時間１時間のねらいは同様な表記の仕方をすることもあるでしょう。もし道徳的心情に視点を当てたねらいなら，教材中の内容も盛り込みながらねらいを明確にした上で，指導過程の中で発問構成を工夫したり道徳的心情の高まりを確認するための評価の観点を設定したりして評価したいものです。
　また，道徳科の目標に照らし合わせて評価をしていくことも大切です。改正された道徳科の目標は「道徳性を養うため，道徳的諸価値についての理解を基に，自己を見つめ，物事を（広い視野から）多面的・多角的に考え，自己の生き方（人間としての生き方）についての考えを深める学習を通して，道徳的な判断力，心情，実践意欲と態度を育てる」です。この目標から考えられる評価の観点は，道徳的諸価値を主体的に把握することができたか，また，他者の考えや議論にふれ，自律的な思考をする中で，一面的な見方から多面的・多角的な見方へと発展しているか，そして，道徳的価値の理解を自分自身との関わりの中で深めているかです。これらの観点についても評価していく必要があります。

❹大括りなまとまりを踏まえて評価する

　指導要録には，学校教育全体を通じて行う道徳教育に関して評価する「行動の記録」の欄があります。今回の教科化により，この指導要録に「特別の教科　道徳」の欄が新たに設けられることになりました。そこでの評価は個々の内容項目についての記述ではなく，大括りなまとまりを踏まえた評価となります。ここには，１年間を振り返っての児童生徒の学習状況やいかに道徳性が成長したかを書くことになります。多面的・多角的な見方へと発展しているかや道徳的価値を自分自身との関わりの中で深めることができたか等について，これまでの記述文を参考にしたり，自己評価等を取り入れたりすることで，変容を読み取り記述していくのです。

2 評価の様々な方法

❶道徳ノート，ワークシート，作文による方法

　道徳ノート，ワークシート，作文による方法とは，道徳ノート等に記述された文章から評価する方法です。人の心の真意を外見から理解し把握することは難しく，まして，道徳的な成長を読み取ることはなおさら難しいと思われます。そこで，道徳科で考えたことや学んだことを文章化したものを基に評価したいものです。文章化することは，自分の考えをまとめることにも役立ち，その後に学習した内容を振り返ることも可能にしています。

　道徳ノートやワークシートの主な活用方法として，授業中の発問に対する自分自身の考えを書き込んだり，1時間の授業で学んだことを記入したりすること等が考えられます。これらの記述には多くの道徳的な学びが書かれています。これらを道徳科の目標やねらいに照らして分析し，検討していくことで多面的・多角的に考えられているかやどれだけねらいに迫り，道徳的価値を自分自身との関わりでとらえているか等を読み取ることができます。また，学校行事後等に作文を書くことがあります。このような場合の作文も道徳ノートを活用し，記述することも考えられます。行事後の感想文には体験を通した道徳的な学びが書かれることが多いです。

❷観察や会話・面接による方法

　観察や会話・面接による方法とは，児童生徒の言動を観察することや面接することで評価する方法です。道徳科の授業中での言動から，学習状況を見取ることができるし，道徳的価値に対する考え方を把握することもできます。授業中の言動については，事前に観点を決めておいて表出した時に記録するチェックリスト法があります。また，役割演技は即興的に演技をするために深層心理が吐露されやすいので，道徳的価値の把握について理解しやすいと思われます。

　道徳科の1時間は限られた時間です。考え，議論する道徳を目指していく中で，話し合いが白熱すればするほど，1時間の中で収束することは難しく，時間の不足することがあります。このような場合，さらに発言したい内容を道徳ノートに記述する方法で宿題として課す方法もありますが，児童生徒と直接向き合い，授業中話し尽くせなかった道徳的な事柄について会話することも考えられます。この会話・面接による方法は，道徳的な学びを適切に文章で表現できない場合や文章を書くことに苦手意識をもっている児童生徒には有効な方法です。

❸質問紙による方法

　質問紙による方法とは，あらかじめ用意した質問や問題場面での判断や理由等を問うことで評価する方法です。特に，この評価方法は教師の問題意識に対し確認する方法として有効です。道徳ノート等に書かれた文章から，児童生徒が感じた生の声や道徳的な成長を見取ることができます。しかし，そこで書かれたものが教師がとらえている問題意識に対しての回答になるとは限りません。例えば，教師としては児童生徒がどのように教材を受け止めているのかを知りたくても，教材に関する感想や記述が見られない場合があります。このような時は，「教材は感動的だったか」「教材は自分の生き方を深めていくことに役に立ったか」等のように教材に関する限定的な質問をすることで，評価したい事柄の実態を把握することができます。

❹ポートフォリオによる方法

　ポートフォリオによる方法とは，道徳ノートや作文，役割演技等を収録した映像，プレゼン等の成果物を基に評価していく方法です。1時間1時間の道徳科の評価を行い，児童生徒の道徳的な学びをとらえていくことは大切なことです。同時に，毎時間の授業を積み重ねていく中での児童生徒の道徳的成長を見取っていくことも重要です。そのためには，ある程度の期間の中で見取る必要があります。例えば，学期の最後に児童生徒が書き溜めたもの等を振り返ることにより，どのような道徳的な学び，道徳的成長があったのか，あるいは，獲得した道徳的学びが実践につながったか等を，自己評価も取り入れながら見取っていくことが考えられます。

❺エピソードによる方法

　エピソードによる方法とは，児童生徒が道徳性を発達させていく過程で，発言や記述したものをエピソード（挿話）の形で累積していく方法で，道徳科の授業中の発言や記述した内容を累積しまとめた短期エピソードと，学校生活の中での言動や記述文等を累積しまとめた長期エピソードの2つがあります。具体的には以下のような表を作成し，まとめていくことが考えられます。ここでの記入は，基本的に道徳性の成長の様子をとらえていくことになります。

氏名　〇〇さん	児童生徒の発言や記述内容	教師の観察やアドバイス
短期エピソード（道徳科）		
長期エピソード（学校生活）		

　評価の客観性や多くの教師が関わることを意図した視点から上記の表を活用し，校内ネットワーク上で道徳的よさの情報共有化のためにデータベース化を図る工夫も考えられます。

3 評価の工夫と留意点

❶PDCA サイクルを生かす

　前述した通り，評価を実施する目的は，児童生徒にとっては成長を実感し学習意欲の向上につなげることであり，教師にとっては指導の改善に役立てていくことです。したがって，当然のことながら，評価を実施することが最終目的ではなく，評価を生かしていくことに意味があります。そのためには，評価を PDCA（P：計画　D：実行　C：評価　A：改善）サイクルの中で機能させていくことです。つまり，評価したことから改善策を考案し再構成して実践を行い，また評価を実施していく，このような一連のサイクルの中に評価を位置づけていくことが重要です。評価は，この連関の中に位置づけられてこそ，真の意義を果たすことができます。

　これまでの学習指導要領でも，評価を実施することの必要性は述べられていましたが，実態として評価自体も PDCA サイクルを生かすことも軽視されてきたと思われます。評価を実施し，評価結果から改善策を講じてさらに実践していく，実質的に PDCA サイクルを生かしていくことが，質の高い授業の構築につながっていくことになります。

❷温かい人間関係をつくる

　これまでも「道徳の時間を成功させるためには，日ごろの学級経営が大切」と言われてきました。学級経営を円滑に進めていくためには，クラスの人間関係の中に，教師と児童生徒，そして，児童生徒相互の人格的なふれ合いによる共感的な理解が存在することが必要です。このことは，道徳科の授業を進めていく上でも大切なことです。自分の考えたことや思ったことを自由に安心して言える雰囲気があるからこそ，自分の心の内を吐露するのです。もし，発言した内容が尊重されることなく，侮蔑するような反応が予想されるような場合には，真意を語らないでしょう。考えたことを安心して発言でき，議論にまで高め，授業のねらいに迫っていくためには，温かい人間関係が根底になければなりません。

　道徳の時間が特設されて以来，学習指導要領解説に明記されている「共に考え，共に語る」授業を実現していくためには，指導過程の工夫・改善を図ることは当然のことですが，クラスに人格的な温かいふれ合いの雰囲気がある学級環境を整えておくことが大切です。このことは，適正な評価を行う上でも重要なことです。

❸組織的な取り組みの必要性

　各学校においては，道徳教育や道徳科の全体計画，年間指導計画を作成することになっています。さらに，道徳教育を機能的に推進するためには，各教科等における道徳教育に関わる指導の内容及び時期を整理したもの等を別葉として加えることが求められています。これらの諸計画の作成には，校長や道徳教育推進教師のリーダーシップの下に組織的に取り組んでいくことが大切です。また，作成した諸計画は見直しを図っていく必要があります。一度作成したら終わりではなく，全職員が見直しに関われるように工夫する中で毎年検討を加えたいものです。

　道徳教育や道徳科の評価についても，同様に組織的に取り組んでいくことが重要です。道徳科は担任教師が行うことを原則としていますが，評価の信頼性や公平性の観点から，多くの教師の目による評価を心がけたいところです。具体的には，教師が交代で学年の全学級を回って授業を行うこと等が考えられます。このことで，多面的・多角的に児童生徒を見取ることができます。また，TT（ティーム・ティーチング）の授業を構想した場合には，時にT2を学級担任が担当し，児童生徒の様子を見取っていくこと等も，日ごろの授業では気付かないところまで見取ることができ，多面的・多角的な評価が可能となってきます。さらに，評価に関しては，自己評価を取り入れることや，クラスメイトによる評価を参考にしていくことも考えられます。加えて，家庭や地域の人々の声にも耳を傾け，評価に生かしていきたいものです。

❹特別に配慮を要する児童生徒の評価や指導についての工夫や配慮

　学級には，発達障害等で学習上の困難さを有している児童生徒が一定の割合で在籍していると言われています。このような児童生徒に対しては，評価や指導について工夫したり配慮したりしていくことが必要です。例えば，文章化されたものから評価することは有効な方法ですが，書くことに苦手意識をもっている児童生徒は，記述されたものだけで評価をしていくことになると，適切な評価を行うことができません。このような児童生徒の中には，話すことに何の支障のない場合もあるので，面接や会話により道徳的な学び等を聞き取るようにしたいと思います。また，中には書くことも話すことも苦手な児童生徒もいます。このような場合は，じっくりと向き合うことが大切であり，日常の学校生活の中での様子をよく観察して理解に努め，きめ細かく見取っていくことが大切です。また，相手の気持ちを想像することが苦手な児童生徒もいます。このような場合は，役割演技において役割交代をすることで相手の心情を理解する工夫等が考えられます。暗黙のルールや常識が理解できていない場合は，明確に示すことも必要でしょう。一人ひとりの学習上の困難さの実態を把握した上で，工夫したり配慮したりして評価していく必要があります。

（富岡　栄）

4 生徒による自己評価の意義

❶なぜ，生徒による自己評価が必要なのか

　「特別の教科　道徳」の実施に当たって，「中学校学習指導要領解説　特別の教科　道徳編」の中で道徳の評価が「個人内の成長の過程を重視すべき」と記され，「個人内評価」に基づいて行うこととされました。つまり，教師が生徒を評価する際に，他の生徒と比べたりすることによってその生徒の道徳性の優劣の判断や序列へつなげる評価にするのではなく，生徒一人ひとりの学びに注目し，その個々の伸びを認め，さらなる伸長を励ます評価を行うわけです。

　したがって，生徒自身が明確な観点を基に，自らの道徳的学びの深まりについて振り返り，個々の道徳的成長を把握し，次につなげることのできる評価をするべきでしょう。つまり，学びに対する第一次の判断者を，教師という外部の指導者ではなく，学習の当事者である生徒自身に設定したのです。なぜなら，道徳的理解がその生徒自身の内面的理解を問うものであるならば，その評価の出発点は，生徒自身の判断を出発点とするべきと考えたからです。

　また，すべての生徒の道徳的学びを見取るとは言っても，過去には量的にも質的にも道徳の授業が保証されておらず，生徒個々の考える基盤自体がまちまちな現状を鑑みると，一人ひとりの道徳的学びの見取りを行うことは，教師にとって難しい課題です。知識理解の分野であれば外部からの査定は可能ですが，心情や道徳性に対して外部からその度合いを査定することは，困難であると同時に危険を伴います。出された評価がどれほど正確であっても，その正確さを証明することはほぼ不可能である以上，その出された評価には信頼性が担保できないし，生徒の納得を引き出せるかどうかも不確定です。

　だからこそ，生徒による自己評価の重要性が増してきます。道徳性を高く保ちながら生きていくことは，生徒たちのこれからにとって大切な命題です。道徳は義務教育を終えた後も，その先の社会ですべての人々に関わる教科であります。したがって，道徳性について正確な評価を出すことよりも，生徒自らが様々な事象から己を振り返り，大切な「道徳的価値について学び続ける力」を付けさせることが大事なのではないでしょうか。

　「評価のための評価」ではなく「生徒のよき学びのための評価」。また，外部からの正確さ以上に，生徒の真の実情により迫れる評価であること。その視点が評価にとって最重要でありましょう。特に様々な道徳的事象を「多面的・多角的」に考え，「主体的・対話的で深い学び」を実現させるためには，生徒による自己評価は欠くことのできないものだと考えます。

❷生徒による自己評価から見る「学習への効果」

　注意すべきは，自己評価が評価活動ではなく，学習活動であるという点です。生徒が自らの主体的な評価者になることから生み出されるのは，到達すべき目標の明確な自覚と能動的な学びへの志向です。「自分はこの授業を通して何を学び，どのような考えについて深めるのか」を意識することは，学習への意欲と効果を高めると考えられます。また，道徳教育のもつ「児童生徒のよさを引き出し，評価する」というそのねらいからも，生徒による自己評価を軸にする形式は有効であると考えます。なぜなら，生徒の一番認めてほしい学びのポイントを一番よくわかっているのは生徒自身であり，生徒自身が自らのよい学びを取り上げ認める学習活動は，自己肯定感の上昇にも好影響を与えると想定するからです。

　評価には本来，「生徒を育てる」という役割が備わっています。「〜を評価する」という文脈では，その秀でている直や価値を認めるという意味が含まれています。自らの学びを認め，肯定します。その過程の中で生徒たちは自信を深め，そのプロセスの積み重ねから，学びに課題を感じた際にも肯定的に受け止め，自分自身で課題に向き合い，克服するようになるのです。

❸生徒による自己評価から見る「指導への効果」

　教師が質の高い道徳の授業を維持するためには，その授業のねらいの達成度という具体的な指針が必要です。いわゆるPDCAサイクルの「Check：成果・結果評価→Action：改善策実施」に当たる部分ですが，この過程では現場の実態に即した意見をどれだけ拾い上げることができるかが重要です。そこで，生徒による自己評価を参考にすることで，より現実的かつ効果的な成果を把握することができると見込まれます。実態に即した成果の把握により，主題やねらいにもっと迫るにはどういう授業展開をするべきか，また，中心発問はどうあるべきか等を教師はより意識して取り組むようになり，それが道徳授業に対する教材研究への姿勢向上にもつながります。また，自分のクラスの自己評価が低い生徒の傾向を比較してみたり，どのねらいや教材が生徒の評価が高かったかを話し合ったり等，より視点を定めて道徳の授業や効果について教師間で議論するようになり，学年全体が向上心をもって，協働的な姿勢で道徳の時間に臨めるようになっていきます。また，今回の新指導要領改訂で「考え，議論する道徳」が示されたのを受け，道徳の授業で積極的に対話・議論の場面を組み込むことが打ち出されました。教師が模範的な答えや行動化を提示するのではなく，生徒自身の力でその諸価値へ到達できることを信じ，任せる新しい授業づくりとなります。自己評価の分析によって，ねらいへの迫り方や授業展開の成否を読み取り，その反省を授業の組み立て，導入発問，中心発問の推敲等に反映させることも有効と考えます。

5 生徒による自己評価の活用事例

❶2種類の自己評価を併用

　生徒による自己評価には,「記述での振り返り」と学習深化を尺度で表す「尺度での振り返り」の2つの方法があります。「尺度での振り返り」とは,「道徳的判断力・道徳的心情・道徳的実践意欲と態度・教材観」の4項目について,いわゆる「5, 4, 3, 2, 1」等の尺度で生徒自身が自己の道徳的学びを測定することを想定しています。尺度化するねらいは2つあります。1つは記述での振り返りだけでは生徒の文章力により有利不利が生じる懸念があるのを解消するためであり,もう1つは本人の認識があやふやな部分を尺度に当てはめることで,道徳的価値に対する意識段階を明確化させるためです。つまり,記述で表し切れない心情や深化の度合いを,尺度化によって逆に表せるのではないかと期待しています。今回の一部改正の際にも,発達障害等のある児童生徒についての評価が議論されましたが,記述が得意でない生徒にとって,尺度で自らの学びを表現できる工夫は有効であると考えます。もちろん,それらを踏まえた上で文章による記述方式を併用することが重要です。やはり文章記述には細やかな心情等の機微を表現する際の優位性が存在しており,互いの利点で補完し合うことでより細やかな評価につながると考えます。なぜなら,数値は非常に具体的ではありますが,その事項は単純化され,その評価の根拠となる考えまでは示されていません。しかし,道徳では「なぜそう考えたのか」を深めることこそが最重要事項であり,注視すべきポイントだと考えたからです。

　尺度による評価を取り扱う際に,必ず注意するべきことは3点あります。
・生徒が出した尺度の数値を単独で絶対視するべきではないということ
・尺度の評価は,必ず記述による振り返りと合わせて判断すること
・生徒が出した尺度の数値は「個人内評価」とし,他者との優劣等には使用できないこと

　ここに記したように,尺度化で示された値をそのまま生徒の評価に転用することは行いません。なぜなら,生徒は自分がもつ尺度で自分を測り,自分自身の心にどれだけ響いたかという視点でもその授業を振り返ります。あくまで測る基準はその生徒自身の個人内評価であるため,他の生徒との相対化はできず,ここで出た結果をそのまま道徳性の評価に結び付けることは適切ではありません。あくまで「生徒による自己評価」の尺度を継続記録・比較することで,「生徒の豊かな学びを把握するために,どの授業の記述振り返りに注目するか」を知る材料として活用するのです。

❷尺度による自己評価の活用手順

　尺度による自己評価は，学年ごとに表計算のファイルを準備し，授業が終われば教材名の入力はもちろん，実施日，内容項目，教材の形態等の情報を入力しておきます。その尺度を1年間通しての学びとして関連付けることにより，継続的な学びの達成度の把握ができ，副次的なものを含め非常に多くのことが読み取れます。数例をあげると，生徒の時系列に沿っての変化や内容項目によっての受け止めの違い，教材自体のもつ力の比較やクラスの傾向等，自己評価の継続記録によって読み取れます。

　このような数値で表される「尺度で表す評価」の分析によって，教師側の目的意識に具体的な指針が生まれ，何より，生徒理解を深めることに大きく役立つと考えられます。やはり，分析結果があると，生徒一人ひとりの授業ごとの受け止めがどうであったか，また，1年を通して1人の生徒における道徳の授業での受け止めがどう変化したか等が確認でき，生徒がどの部分で心が動いたか，また，どの部分で響かなかったのかについて詳細にわかることが，特に有効であると感じられました。そして，ある項目の尺度が低い場合でも，その道徳的価値についての理解が足りないという判断ではなく，逆に尺度が低いところほど，それだけ何か考えたのかもしれないと考え，その視点でワークシートの再検証も行うといったことも意識されました。「3」や「1」を付けた生徒は現状の到達度に満足していない一方，これからの自分がまだまだ向上できる伸びしろを感じているとの解釈も可能であり，道徳的学びに対する意欲はより高い可能性があります。

　この視点こそが自己評価を最大限に生かす発想であり，生徒のよさを認め，励ます評価につながると考えられます。さらに生徒自身も，評価項目を提示してあることによって，その視点をもって授業に臨んでいることが見て取れました。

❸記述式による評価への活用

　道徳における記述式の評価については，クラスの全生徒分の評価を行う時に膨大な時間がとられるようであれば，道徳の教科化を円滑に推進する障害になりかねません。ある期間を経て道徳の記述式評価を出す場合，その期間における生徒分の道徳授業の全ワークシートを，それぞれ分析しながら見直すことは，多大な時間と労力が必要となります。

　そこで，生徒による自己評価で尺度についての継続記録があれば，該当期間を眺めることにより，注目するべきよい学びができた授業をピンポイントで抽出することができるわけです。授業ごとの評価が短期的認識である可能性も踏まえ，該当期間の長期的な振り返りも併用することができれば，より生徒の真の実情に近付けると考えられます。

　　　　　　　　　　　　　　　　　　　　　　　　　　　　　　　　（中山　芳明）

【執筆者一覧】（掲載順）

柴原　弘志（京都産業大学）
松原　　弘（大阪府和泉市立郷荘中学校）
村田寿美子（京都府城陽市立東城陽中学校）
桃﨑　剛寿（熊本県熊本市立白川中学校）
石黒真愁子（埼玉県さいたま市立大門小学校）
野本　玲子（大阪府吹田市立青山台中学校）
森　　有希（高知大学）
谷内　宣夫（高知県中土佐町立久礼中学校）
松原　好広（東京都荒川区立第七中学校）
堀川　真理（新潟県新潟市立巻西中学校）
藤永　啓吾（山口大学教育学部附属光中学校）
柴田八重子（愛知淑徳大学）
田邊　重任（元高知大学）
佃　　千春（大阪府寝屋川市立第十中学校）
増田　千晴（愛知県江南市立古知野中学校）
渡邉　真魚（福島県教育庁　教育総務課）
荊木　　聡（大阪府貝塚市立第五中学校）
大路　葉子（石川県能美市立寺井中学校）
藤井　裕喜（京都府京都市立音羽中学校）
菅　　明男（東京都江東区立第二亀戸中学校）
鈴木　克治（京都市教育委員会　京都まなびの街生き方探究館）
富岡　　栄（日本大学）
中山　芳明（京都市総合教育センター　研究課）

【編著者紹介】

柴原　弘志（しばはら　ひろし）

昭和30年，福岡県生まれ。京都大学教育学部卒業。
京都市立山科中学校，向島中学校，深草中学校を経て，京都市教育委員会学校指導課指導主事（主として道徳・特別活動領域担当）。
平成13年から文部科学省初等中等教育局教育課程課教科調査官。
その後，京都市総合教育センター副所長，京都市立下京中学校校長，京都市教育委員会指導部長等を経て，現在，京都産業大学教授。
平成26年中央教育審議会道徳教育専門部会主査代理。
平成27年道徳教育に係る評価等の在り方に関する専門家会議副座長。
平成28年中央教育審議会初等中等教育分科会専門委員。

アクティブ・ラーニングを位置づけた
中学校　特別の教科　道徳の授業プラン

2017年3月初版第1刷刊　Ⓒ編著者　柴　原　弘　志
　　　　　　　　　　　　　発行者　藤　原　光　政
　　　　　　　　　　　　　発行所　明治図書出版株式会社
　　　　　　　　　　　　　　　　　http://www.meijitosho.co.jp
　　　　　　　　　　　（企画）佐藤・茅野　（校正）赤木
　　　　　　　　　　　〒114-0023　東京都北区滝野川7-46-1
　　　　　　　　　　　振替00160-5-151318　電話03(5907)6703
　　　　　　　　　　　　　　ご注文窓口　電話03(5907)6668
＊検印省略　　　　　　組版所　長野印刷商工株式会社
本書の無断コピーは，著作権・出版権にふれます。ご注意ください。

Printed in Japan　　　　　　　　ISBN978-4-18-252726-5
もれなくクーポンがもらえる！読者アンケートはこちらから →

道徳科授業サポートBOOKS
考え，議論する道徳授業

アクティブ・モラル・ラーニングの授業づくり

思考課題の設定ポイント	発達段階に応じた工夫	他教科・領域との関係
資料で本当に考えさせたいことが見える！	話し合い方法などアイデアがわかる！	道徳の時間を要に教育活動全体に広げる！

▶ **中学校**

- 2110・B5判・2200円＋税
- 白木みどり 編著

新学習指導要領のねらいを具体化するパーフェクトガイド

平成28年版

中学校 新学習指導要領の展開

特別の教科 道徳編

新学習指導要領の内容に沿いながら、教科書や評価といった道徳改訂のキーポイントについて詳しく解説。また、内容項目ごとの指導ポイントや問題解決的な学習を生かした新たな授業プランも掲載。

- ●全内容項目の指導ポイントを詳細解説
- ●「考える道徳」を具体化する授業実践例を収録
- ●成長を促す評価ポイントを明示

- 2731・A5判・1,900円＋税
- 柴原弘志 編著

明治図書　携帯・スマートフォンからは **明治図書ONLINEへ**　書籍の検索、注文ができます。 ▶▶▶

http://www.meijitosho.co.jp　＊併記4桁の図書番号（英数字）でHP、携帯での検索・注文が簡単に行えます。

〒114-0023　東京都北区滝野川7-46-1　ご注文窓口　TEL 03-5907-6668　FAX 050-3156-2790

＊価格は全て本体価格表示です。